옮긴이

경창

리더십센터그룹 부사장. 삼성, 현대, MS 내외 유수 기업은 물론 KAIST, 서울대학 성균관대학교 등에서 리더십 강의와 코칭을 맡고 있다. 영남대학교를 졸업하고 동국대학교 경영학 석사, 연세대학교 교육학 석사, 경희대학교 국제경영학 박사 과정을 밟았다. 스티븐 코비의 베스트셀러 《신뢰의 속도》를 옮겼고, 《선비정신에서 찾는 공직자의 길》을 공저했다.

ben@eklc.co.kr

이재용

한국리더십센터그룹 대표이사이자 해리슨어세스먼트 마스터트레이너. 사람들에게 다양한 리더십 교육을 제공하고 글로벌 리더십·코칭 전문가를 활발하게 양성하고 있다. 안양대학교 커리어개발센터 경력개발지도교수로 재직했고 경기관광공사 비상임이사로도 활동 중이다. 자기계발, 교육, 역사, 인문 등 다양한 분야의 책을 기획했으며, 《소중한 것 먼저 하기》를 공저했다.

jlee@eklc.co.kr

성공하는 사람들의
7가지 습관
52주 실천 다이어리

The 7 Habits of Highly Effective People Guided Journal
by Stephen R. Covey, Sean Covey

성공하는 사람들의 7가지 습관
52주 실천 다이어리

1판 1쇄 발행 2021. 11. 15.
1판 3쇄 발행 2022. 1. 26.

지은이 스티븐 코비·숀 코비
옮긴이 정병창·이재용

발행인 고세규
편집 임여진 디자인 지은혜
발행처 김영사

등록 1979년 5월 17일 (제406-2003-036호)
주소 경기도 파주시 문발로 197(문발동) 우편번호 10881
전화 마케팅부 031)955-3100, 편집부 031)955-3200 | 팩스 031)955-3111

값은 뒤표지에 있습니다.
ISBN 978-89-349-8009-4 13320

홈페이지 www.gimmyoung.com   블로그 blog.naver.com/gybook
인스타그램 instagram.com/gimmyoung   이메일 bestbook@gimmyoung.com

좋은 독자가 좋은 책을 만듭니다.
김영사는 독자 여러분의 의견에 항상 귀 기울이고 있습니다.

52주 실천 다이어리

성공하는 사람들의
7가지 습관

스티븐 코비 · 숀 코비

정병창 · 이재용 옮김

김영사

글을 쓰는 것은 정신적인 톱날을
날카롭게 가는 또 하나의 훌륭한 방법이다.

스티븐 코비

저는 열두 살 때 스티븐 코비의 《성공하는 사람들의 7가지 습관 The 7 Habits of Highly Effective People》을 처음으로 접했습니다. 저는 '효과적highly effective'인 것과는 거리가 먼 나라에서 태어났지만[스티븐 코비의 책들에서 '효과적'이라는 말은 '성공적' 혹은 '생산적'이라는 뜻으로 쓰인다–역주], 사실 효과적인 사람들은 세계 어디에나 있는 법이지요. 《성공하는 사람들의 7가지 습관》을 읽고 그 원칙을 제 삶에 적용하기 전에는 모든 것이 통제 불가능하게만 보였습니다. 제 고향인 아이티는 잔인한 독재자의 지배 아래에 있었고, 저는 개성이 허용되지 않는 아주 엄격한 학교에 다녔습니다.

  하지만 저는 주변에서 봐오던 것보다 더 나은 삶을 살겠다는 큰 꿈을 꾸었고, 코비 박사의 책이 제 인생을 완전히 바꿔놓았다고 말해도 과언이 아닙니다. 《성공하는 사람들의 7가지 습관》은 저의 생각을 완전히 재설계했습니다. 저의 통제를 완전히 벗어난 것처럼 보이는 상황에서도 제가 영향을 미칠 수 있는 요인이 있다는 것을 알게 해주었고, 무엇보다 제게 그 상황을 바꿀 힘이 있다는 것을 가르쳐주었습니다. 저는 이 책의 원칙을 적용해 열두 살 때 상상했던 것보다 훨씬 더 밝은 미래를 개척했습니다. 제가 배운 가장 중요한 교훈은 '자신의 패러다임을 검토하라'였고, 저는 자신의 패러다임(세상을 보는 방식)이 정확하고 완전한지 스스로 물어보았습니다. 그 한 가지 원칙이, 수없이 많은 일을 겪는 동안 제가 땅에 발을 딛고 서 있게 해주었습니다.

나이가 들고 점점 더 주체적인 삶을 사는 동안에도 코비 박사의 책은 항상 저와 함께했고 너무 많이 읽어 너덜너덜해졌습니다. 이 책에서 배운 기술을 통해 저는 집을 떠나 미국에서 대학 교육을 받았고, 제가 대단히 즐기는 일을 업으로 삼는 성공적이고 성취감 있는 삶을 구축했습니다. 플로리다 남부로 이주할 때도 이 책과 함께했고, 산타크루스에서 가르치기 위해 볼리비아로 떠났을 때도 이 책을 가져갔습니다. 저의 첫 번째 책을 쓸 때도 이 책의 도움을 받았습니다. 지금도 저는 새로운 목표를 계획할 때 《성공하는 사람들의 7가지 습관》을 참고합니다.

이 책은 저를 비롯해 4천만 명이 넘는 독자들의 삶을 긍정적으로 변화시켰습니다. 여러 나라에서 다양한 상황에 처한 수많은 사람들이 코비 박사가 제시한 교훈에서 지혜를 얻었습니다.

수년이 지난 지금 시대를 초월해 효과적인 7가지 습관을 기반으로 하는 다이어리를 편집하게 된 것이 운명처럼 느껴집니다. 《성공하는 사람들의 7가지 습관: 52주 실천 다이어리》에서 여러분은 가장 효과적인 방식으로 목표를 달성하도록 도와주는 체크리스트와 실천 문항들을 통해 스티븐 코비의 책에 등장하는 기본 원칙을 접하게 될 것입니다.

M.J. 피에브레

이 책을 활용하는 방법

–

《성공하는 사람들의 7가지 습관》은 30년 이상 독자의 마음을 사로잡아왔습니다. 대통령, CEO, 교육자, 부모, 학생 들의 삶이《성공하는 사람들의 7가지 습관》으로 변화했고, 직업과 나이에 상관없이 수백만 명의 사람들이 도움을 받았습니다. 여러분도 변화할 수 있습니다. 시대를 초월한 지혜와 힘이 있는 스티븐 코비의 원칙을 일주일에 한 번씩, 부담 없이 실천해봅시다. 이 다이어리에 수록된 스티븐 코비의 강력한 메시지를 통해 자신을 성찰하고, 영감을 받으며, 동기를 부여받을 수 있습니다.

《성공하는 사람들의 7가지 습관: 52주 실천 다이어리》는 당신의 이야기를 성찰하고 재설정하고 재배열하는 공간이 되어줍니다. 투명하고 정직한 글쓰기는 마치 명상과도 같고 우리를 성장시킵니다.

특정 활동에 매진해야 하거나 갑자기 일이 생기지 않는 한, 매일
이 다이어리를 통해 자기 성찰의 시간을 갖기를 권장합니다.

활용 방법

자신에게 질문하기
나를 깨우는 질문입니다.
질문에 대답하며 효과적인 한 주를
보낼 준비를 합니다.

한눈에 살펴보기
이번 주 생각하고 익힐 내용을 제시합니다.

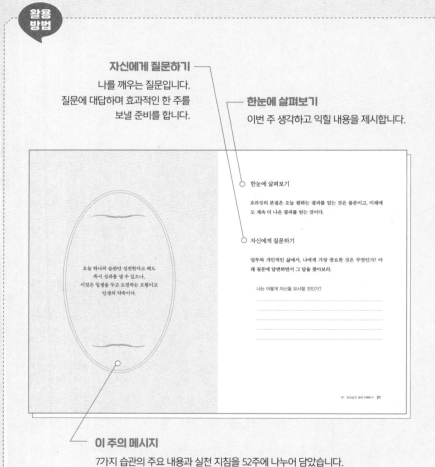

한눈에 살펴보기

효과성의 본질은 오늘 원하는 결과를 얻는 것은 물론이고, 미래에
도 계속 더 나은 결과를 얻는 것이다.

자신에게 질문하기

업무와 개인적인 삶에서, 나에게 가장 중요한 것은 무엇인가? 아
래 질문에 답변하면서 그 답을 찾아보자.

나는 어떻게 자신을 묘사할 것인가?

오늘 하나의 습관만 실천한다고 해도
즉시 성과를 낼 수 있으나,
이것은 일생을 두고 도전하는 모험이고
인생의 약속이다.

이 주의 메시지
7가지 습관의 주요 내용과 실천 지침을 52주에 나누어 담았습니다.
스티븐 코비를 비롯한 대가들의 깨달음을 주는 메시지로 한 주를 시작합니다.

일러두기
- 이 다이어리는 《성공하는 사람들의 7가지 습관》과 《성공하는 가족들의 7가지 습관》의 내용을 바탕으로 썼였습니다.
- 용어와 인용문은 위의 책을 참고하여 사용하되 일부는 상황에 맞게 수정하였습니다.
- 출처가 표기되지 않은 인용문은 모두 스티븐 코비의 말입니다.

주간 목표
한 주간 되새길 목표를 정리합니다.
한 주의 마지막에 다시 돌아와
무엇이 잘 되었고 무엇이 아쉬웠는지 점검해보세요.

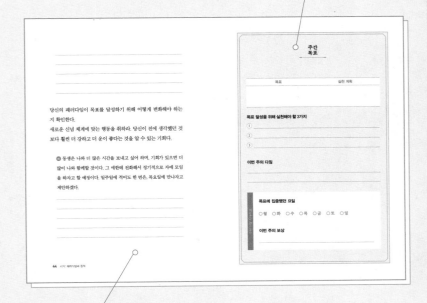

《성공하는 사람들의 7가지 습관》을 기반으로 하는
다양한 질문과 활동으로 한층 더 효과적인 사람이 됩니다.

The 7 Habits of
Highly Effective People
Guided Journal

이 다이어리에 제시된 순서에 따라
다이어리를 활용하시는 것이 좋습니다.
모든 활동은 당신이 미처 몰랐던
자신을 알아가는 데 도움이 되도록 짜였습니다. .
재미있게 즐기고 자연스럽게 참여한다면,
어느새 성장한 자신을 보게 될 것입니다.

편집자의 글 6
이 책을 활용하는 방법 9
52주 체크리스트 14

1주~3주　시작: 패러다임과 원칙 17

4주~10주　습관 1: 자신의 삶을 주도하라 47

11주~16주　습관 2: 끝을 생각하며 시작하라 105

17주~23주　습관 3: 소중한 것을 먼저 하라 147

24주~27주　개인의 승리에서 대인관계의 승리로 195

28주~33주　습관 4: 승-승을 생각하라 225

34주~38주　습관 5: 먼저 이해하고 다음에 이해시켜라 267

39주~45주　습관 6: 시너지를 내라 303

46주~52주　습관 7: 끊임없이 쇄신하라 351

52주간의 여정을 마친 당신에게 397
프랭클린코비사 소개 398
한국리더십센터그룹 소개 399

52주 체크리스트

☐ 1주 : '효과성'의 정의 이해하기 ☐ 13주 : '자기 사명서' 작성하기

☐ 2주 : 성품 롤모델 찾기 ☐ 14주 : 관계 재검토하기

☐ 3주 : 패러다임 확인하기 ☐ 15주 : 자기 사명서 공유하기

☐ 4주 : 주도적으로 행동하기 ☐ 16주 : 역할 사이에서 균형 잡기

☐ 5주 : '변환자' 되기 ☐ 17주 : 목표 정하기

☐ 6주 : 반사적인 언어와 결별하기 ☐ 18주 : 효과적인 시간 관리

☐ 7주 : 주도적인 언어 사용하기 ☐ 19주 : 긴급하고 중요한 일

☐ 8주 : '관심의 원' 축소하기 ☐ 20주 : 급하지 않지만 더 중요한 일

☐ 9주 : '영향력의 원' 확장하기 ☐ 21주 : 주간 계획 세우기

☐ 10주 : 주도적인 날 보내기 ☐ 22주 : 선택의 순간에 충실하기

☐ 11주 : 결과를 예상하며 행동하기 ☐ 23주 : 중요하지 않은 것 제거하기

☐ 12주 : 80세 생일 축하하기 ☐ 24주 : 약속 지키기

☐ 25주: 감정은행계좌 만들기

☐ 26주: 사과하기

☐ 27주: 용서하기

☐ 28주: 승-승 생각하기

☐ 29주: 부족의 심리 벗어나기

☐ 30주: 풍요의 심리 기르기

☐ 31주: 용기 내며 배려하기

☐ 32주: 승-승 합의서 만들기

☐ 33주: 아낌없이 칭찬하기

☐ 34주: 공감적 경청 연습하기

☐ 35주: 마음 열기

☐ 36주: '자서전적 반응' 피하기

☐ 37주: 나를 이해시키기

☐ 38주: 디지털 세계에서의 공감적 소통

☐ 39주: 차이로부터 배우기

☐ 40주: 시너지로 문제 해결하기

☐ 41주: 제3의 대안 찾기

☐ 42주: 차이점을 가치 있게 여기기

☐ 43주: 차이에 대한 개방도 평가하기

☐ 44주: 함께 장애물 극복하기

☐ 45주: 타인의 강점 활용하기

☐ 46주: 매일의 '승리' 루틴 만들기

☐ 47주: 신체 단련하기

☐ 48주: 영혼 새롭게 하기

☐ 49주: 정신 가다듬기

☐ 50주: 감정 개발하기

☐ 51주: 자기만의 시간 갖기

☐ 52주: 기술 활용하기

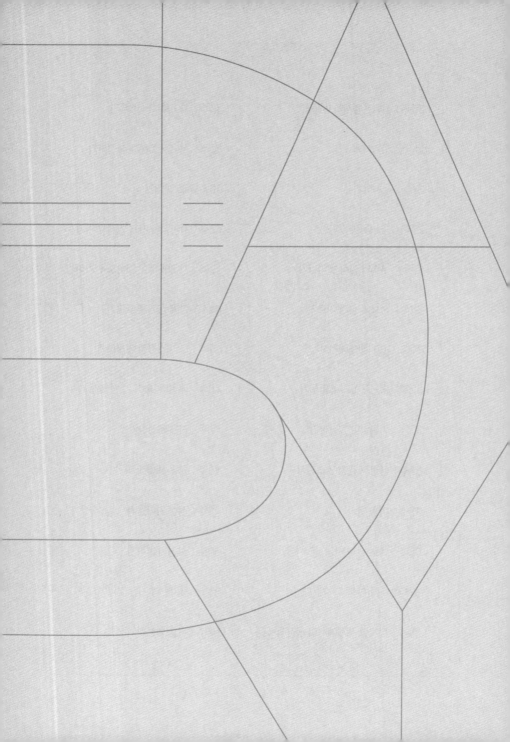

패러다임과
원칙

1주
'효과성'의 정의 이해하기

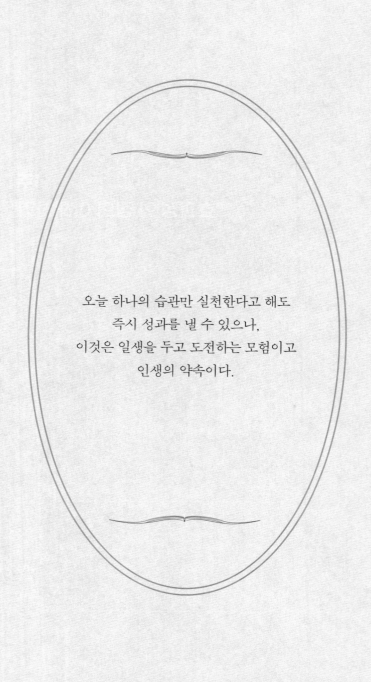

오늘 하나의 습관만 실천한다고 해도
즉시 성과를 낼 수 있으나,
이것은 일생을 두고 도전하는 모험이고
인생의 약속이다.

한눈에 살펴보기

효과성의 본질은 오늘 원하는 결과를 얻는 것은 물론이고, 미래에도 계속 더 나은 결과를 얻는 것이다.

자신에게 질문하기

업무와 개인적인 삶에서, 나에게 가장 중요한 것은 무엇인가? 아래 질문에 답변하면서 그 답을 찾아보라.

나는 어떻게 자신을 묘사할 것인가?

_____

_____

_____

_____

어렸을 때 가장 큰 기쁨은 무엇이었나?

_____

_____

_____

_____

_____

지금 나에게 기쁨을 주는 것은 무엇인가?

_____

_____

_____

_____

_____

나의 가장 큰 성취는 무엇인가?

_____

_____

_____

_____

_____

나의 가장 큰 꿈은 무엇인가?

_____

_____

_____

_____

_____

내가 가장 두려워하는 것은 무엇인가?

_____

_____

_____

나의 성품적 특성 파악하기

성품적 특성은 사람의 기본 원칙과 가치를 보여주며, 외부로 나타나는 성격적 특성과는 다르다. 성품적 특성은 개인적이며 내면의 나침반과 같다. 효과성이 나에게 어떤 의미인지 정의하기 전에, 먼저 나의 성품적 특성을 파악해야 한다. 그런 다음에야 삶의 목적을 분명히 하고, 인생의 사명을 알아내고, 우선순위를 정해 시간을 배분하고, 습관에 끌려다니지 않으면서 자신의 특성에 맞게 인생을 해결해나갈 수 있다. 이제 시작해보자.

내 이름은 _____다.

나는 _____ 사람이다.
(본인에게 해당하는 특성에 모두 표시한다)

감사하는	강한	객관적인	검소한	격려하는
결연한	공손한	공정한	관대한	관찰적인
교양 있는	교육받은	균형 잡힌	근면한	깊이 있는
깔끔한	끈기 있는	낙관적인	날카로운	논리 정연한
다양한	다재다능한	다층적인	단순한	단호한
달변인	당당한	대담한	도움이 되는	독립적인
돌보는	동기 부여된	동정심을 지닌	마음을 다하는	멀리 내다보는
명예로운	모험심이 있는	민감한	믿음직한	박식한
배려하는	사람을 잘 믿는	사색적인	설득력 있는	성격이 원만한
성숙한	세심한	시간을 잘 지키는	신중한	실용적인
심각한	심오한	아는 것이 많은	안정적인	야망이 있는
양심적인	열린 마음을 가진	열심히 일하는	열정적인	영리한
예의 바른	온건한	온후한	완벽주의 성향의	용기 있는
용서하는	유능한	유머 감각이 있는	유연한	의존적인
이상적인	이성적인	이해심 있는	자급자족하는	자기만족하는
자기비판적인	자기훈련이 된	자발적인	자선을 베푸는	자신만만한
자유롭게 생각하는	잘 적응하는	잘 참는	재미 위주의	재치 있는

정중한	정직한	지각 있는	지도자다운	지지해주는
직관적인	직설적인	집중력이 좋은	참을성 있는	창조적인
책임감이 있는	청렴한	체계적인	출세 지향적인	충성스러운
충실한	친근한	친절한	친해지기 쉬운	쾌활한
통찰력이 있는	편안한	평온한	평화로운	포기하지 않는
품위 있는	헌신적인	혁신적인	현명한	협조적인
호기심 많은	화려한	확고한	효율적인	훈련된

그리고 나는 _____ 사람이다.
(본인에게 해당하는 특성에 모두 표시한다)

가난한	가만히 있지 못하는	감사할 줄 모르는	거친	건망증이 있는
건방진	겁이 많은	게으른	경박한	경직된
계산적인	공격적인	공상에 잠기는	과민한	관대하지 않은
괴짜 같은	권력욕이 강한	극단적인	근시안적인	기회주의적인
난폭한	냉담한	냉소적인	논쟁적인	단조로운
독단적인	말이 많은	망상에 젖은	모방하는	무관심한
무뚝뚝한	무례한	무모한	물질적인	믿음이 안 가는
밀어붙이는	반사회적인	반항적인	방어적인	방종한
배려하지 않는	버릇없는	변덕스러운	부주의한	분노에 찬
불안에 시달리는	불안정한	불쾌한	비겁한	비관적인
비밀이 많은	비판력이 없는	비판적인	비현실적인	비협조적인
산만한	상상력이 없는	상스러운	생각 없는	서툰

선입견이 있는	세련되지 않은	소심한	소유욕이 강한	속 좁은
수동적인	순종적인	순진한	시무룩한	신뢰할 수 없는
실망시키는	아는 체하는	아양을 부리는	앙심을 품은	얕은
어려운	어설픈	억압된	억제된	얼빠진
연극적인	예의 없는	완고한	완벽주의가 있는	요구가 많은
우둔한	우울한	우유부단한	원칙 없는	위선적인
유머 감각이 없는	유치한	의사소통이 어려운	의존적인	의지 약한
이기적인	인위적인	일에 중독된	자기주장이 강한	자기중심적인
자만하는	잔소리가 많은	잔인한	잘 긴장하는	잘 움직이지 않는
재단하는	정직하지 않은	조종하는	주제넘는	지나치게 관대한
지저분한	질투심이 많은	짓궂은	차가운	참견하기 좋아하는
참을성 없는	체계 없는	충동적인	탐욕스러운	터무니없는
통제하는	투덜대는	퉁명스러운	편협한	허세 부리는
험담을 즐기는	호기심 없는	화를 잘 내는	회피하는	후회에 찬

나는 효과적인 사람이 되기 위해 이러한 성품적 특성을 바꾸고 싶다.

_____

_____

_____

_____

나는 더 효과적인 직장 생활을 위해 그 특성을 이렇게 바꿀 것이다.

_____

_____

_____

_____

_____

나는 더 효과적인 개인 생활을 위해 그 성품적 특성을 이렇게 바꿀 것
이다.

_____

_____

_____

_____

_____

나중에 참조하도록 이 목록을 보관하라.

주간
목표

목표	실천 계획

목표 달성을 위해 실천해야 할 3가지

① _____

② _____

③ _____

이번 주의 다짐

_____

_____

목표에 집중했던 요일

○ 월　○ 화　○ 수　○ 목　○ 금　○ 토　○ 일

이번 주의 보상

_____

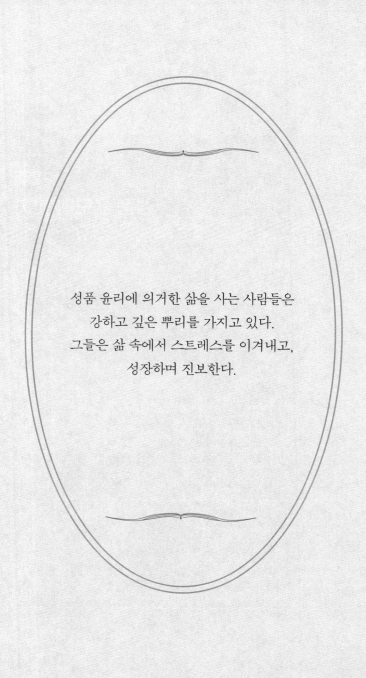

성품 윤리에 의거한 삶을 사는 사람들은
강하고 깊은 뿌리를 가지고 있다.
그들은 삶 속에서 스트레스를 이겨내고,
성장하며 진보한다.

한눈에 살펴보기

나무를 볼 때 줄기가 먼저 눈에 들어오듯, 사람들은 당신의 성격을 먼저 본다. 이런 외모와 기교 및 기술이 우리의 성공에 영향을 미칠 수 있지만, 지속적인 효과성의 진정한 원천은 강한 **성품**, 즉 뿌리에 있다.

자신에게 질문하기

자신의 성품을 희생하면서 눈앞의 일을 해결하기에만 급급했던 적이 있었는가?

_____

_____

_____

훌륭한 성품을 가진 사람을 한 명 떠올려보라.

_____

_____

_____

그들이 삶의 기준으로 삼는 원칙을 정의해보자.

(해당하는 원칙에 모두 표시한다)

가족	감사	감수성	강점	개방성	건강	결심
결정	겸손	경쟁력	공감	공동체	관대함	구조
권위	규율	균형	근면	긍정적인 에너지	기쁨	낙관주의
내면의 조화	노력	타인을 돕기	다양성	단순함	대담함	도전
독립성	동기 부여	두려움 없음	리더십	만족감	명성	명예
모험	목적	민주주의	믿음	번영	변화	부
비전	사랑	생산성	서비스	선함	성공	성실
성장	성취	소속감	시민의식	신뢰	신분	신중함
아름다움	안정감	야망	역량	열정	영감	영리함
영성	영향력	예술	예의	완성	완수	용기
우수성	우아함	우정	운동	유머	윤리	은혜
의미 있는 일	의사소통	의존성	이성	이타주의	이해	인기
인내심	인정	일관성	자기 개선	자기 신뢰	자선	자신감
자유	자율성	자존감	재능	재미	재정적 안정	적극성
전문성	전통	절제	정의	정직	정확성	조직
존경	존엄성	존재	종교	즐거움	지성	지혜
직관	진정성	집중	참여	창의성	책임	천재성

청결	청지기 정신	추진력	충성심	충직함	친절	침착함
쾌활함	탐구	통제	통찰력	팀워크	편안함	평등
평온	평판	평화	표현력	공정성	품질	학습
행복	헌신	협력	호기심	화합	환경주의	활력
효과성	효율성	흥분	희망	힘		

나만의 원칙을 추가해보자.

_____

_____

_____

_____

_____

이 원칙 중에서 삶에 최선을 다하기 위해 적용해보고 싶은 것은 무엇인가? 아래 사항들을 생각해보자.

* 만들긴 했지만 따르기는 어려웠던 규칙들
* 내가 생각하는 가장 큰 실패 혹은 더 잘했으면 하고 바랐던 경험
* 스스로 비효율적이라고 느끼거나 중요하지 않은 일에 지나치게 노력을 쏟았을 때

- 바꾸고 싶은 가치
- 유지하고 싶은 가치
- 나를 미소 짓게 하고 웃음이 나오도록 하는 것
- 나를 기분 좋게 하고 성취를 느끼게 하는 것

지키지 못할 약속을 하지 말 것! 시간을 갖고 몇 가지 원칙에만 집중하라. 가장 가치 있는 원칙을 선택한 후 각 원칙에 대해 목표와 실행 가능한 계획을 정한다. 예를 들어 이번 주의 목표로 '믿음'을 선택했다면, 이 목표와 관련해서 다음과 같은 실행 계획을 세울 수 있다.

목표	실천 계획
나는 더 믿음직한 사람이 되고 싶다	• 실천하기(약속은 적게, 실행은 더 많이) • 주도적으로 소통하기 • 더 자주 '아니요'라고 말하기 • 나와 다른 사람들의 시간 존중하기

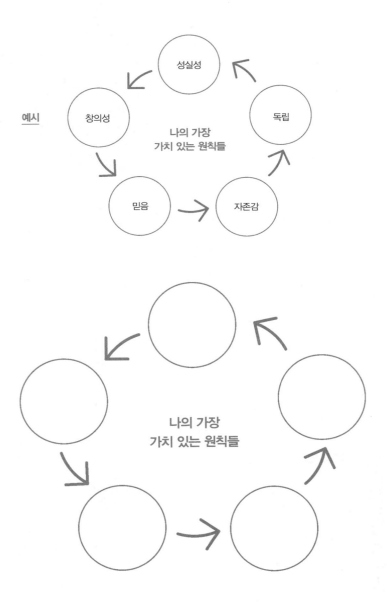

예시

성실성

독립

창의성

나의 가장
가치 있는 원칙들

자존감

믿음

나의 가장
가치 있는 원칙들

주간
목표

목표	실천 계획

목표 달성을 위해 실천해야 할 3가지

① _____

② _____

③ _____

이번 주의 다짐

_____

_____

목표에 집중했던 요일

○월 ○화 ○수 ○목 ○금 ○토 ○일

이번 주의 보상

_____

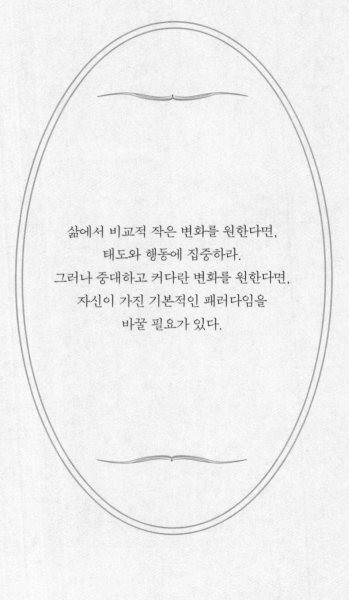

삶에서 비교적 작은 변화를 원한다면,
태도와 행동에 집중하라.
그러나 중대하고 커다란 변화를 원한다면,
자신이 가진 기본적인 패러다임을
바꿀 필요가 있다.

한눈에 살펴보기

패러다임은 우리가 세상을 바라보고, 이해하며 해석하는 방법 즉 정신적 지도다. 다음은《성공하는 사람들의 7가지 습관》에 나오는 패러다임의 변화에 관한 이야기다.

어느 아침 뉴욕의 지하철에서 코비 박사는 패러다임의 변화를 경험했다. 지하철 안은 조용했다. 지하철을 탄 사람들은 신문을 읽거나 눈을 감고 쉬고 있었다. 그런데 다음 역에서 한 남자와 아이들이 탔다. 아이들은 타자마자 시끄럽게 날뛰면서 고요한 분위기를 방해했다. 놀랍게도, 남자는 코비 박사의 바로 옆에 앉아 눈을 감았다. 아이들이 소리를 지르고, 물건을 던지고, 심지어 사람들의 신문을 잡아당기는 동안, 그 남자는 앉아서 아무것도 하지 않았다. 코비 박사는 자기 아이들이 그런 식으로 행동하도록 내버려두고 아무런 책임감을 느끼지 않는 그에게 당연히 짜증이 났다.

코비 박사는 인내심을 가지고 잠시 참다가 남자에게 이렇게 말했다. "선생님, 아이들이 여러 사람을 방해하고 있군요. 아이들을 좀 자제시킬 수는 없나요?" 그러자 그 남자는 슬며시 눈을 뜨며 나직하게 말했다. "네, 그렇군요. 뭐라도 해봐야 할 것 같네요." 그러면서 그는 아이들의 엄마가 막 세상을 떠난 병원에서 오는 중이라고 설명했다. "솔직히 저는 어떻게 해야 할지 모르겠어요. 애들도 어떻게 해야 할지 모르는 것 같고요."

바로 그 순간, 코비 박사의 패러다임이 바뀌었다. 갑자기 그는 그 상황을 다르게 보고, 생각하며, 느끼게 되었다. 짜증은 사라졌고, 그 사람에 대한 동정심과 연민으로 가득 찼다. 그는 애도의 뜻을 표하며 도와줄 만한 것이 있을지 물었다. 모든 것이 순식간에 바뀌었다.

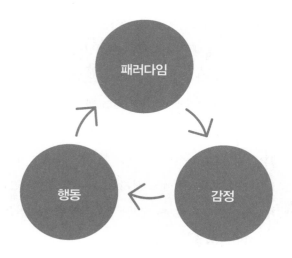

패러다임을 바꾸면 사물을 다르게 보게 되고 새로운 가능성이 생겨난다. 우리가 흔히 마주하는 몇 가지 일반적인 패러다임에 대한 유명인사의 어록을 참조하라.

현재의 생각		패러다임 전환
문제가 생긴다는 것은 불행한 일이다	▶	"나는 평생 모든 문제를 기회로 여겼다." _클라라 시, 미국의 사업가
열정을 따라야 한다	▶	"당신의 열정을 따르지 말고, 당신의 재능을 따르십시오. 일찍 당신이 무엇을 잘하는지 결정하고, 그것을 잘하기 위해 최선을 다하십시오." _스콧 갤러웨이, 연설가, 작가, 기업가
과거로 미래를 예측할 수 있다	▶	"미래에 관해 우리가 지녀야 할 태도는 과거에 우리가 걸어왔던 길에서 비롯된 것이 아니라, 우리 자신을 위해 창조할 비전으로부터 기회를 창출하는 것이다." _베르너 에르하르트, 미국의 작가, 강연가
성공은 실패의 반대다	▶	"승리는 확실히 훌륭한 것이지만, 인생에서 진실로 무언가를 이루기 위한 비밀은, 지는 법을 배우는 데 있다. 아무도 항상 이기기만 할 수는 없다. 패배를 딛고 다시 승리를 거둘 수 있다면 언젠가 챔피언이 될 것이다." _월마 루돌프, 미국 올림픽 챔피언
이 또한 결국 해결될 것이다	▶	"인생은 공평하지 않습니다. 그 사실에 익숙해지세요." _찰스 J. 사익스, 칼럼니스트

직장, 돈, 가족 또는 건강과 관련해 어려운 상황에 처해 있다면 그 상황을 간략하게 설명하고, 어떤 느낌인지 5가지로 표현해보라.

예 내 동생은 (마트까지 차 태워 주기와 같은) 무언가 필요할 때나, 남편에 대해 불평할 때만 나에게 전화한다. 즐거운 시간을 보낼 때는 친구들과 함께한다. 나는 <u>이용당하고, 사랑받지 못하며, 외롭고, 화가 나고, 슬픈</u> 느낌이 든다.

이런 말들이 당신의 패러다임에 대해 어떤 것을 말해주는가?

예 내 동생은 내가 동생을 배려하는 것을 너무 당연하게 여긴다. 자매들은 서로를 소중히 여기고 사랑해야 하지만 동생은 나를 사랑하지 않으며, 내가 가치 있는 사람이라고 생각하지 않는 것 같다.

자신에게 질문하기

나의 패러다임은 얼마나 정확한가?

현재의 부정적인 패러다임을 강화하는 사고의 함정에 빠지지 않았는지 스스로 체크해보고, 새로운 패러다임을 써본다.

패러다임 체크리스트

☐ 상황의 중요성을 과장하거나 무시하고 있지는 않은가?

☐ 나의 감정이 상황의 진실을 반영한다고 가정하고 있지는 않은가?

☐ 부정적인 면에 초점을 맞추고 긍정적인 면을 무시하고 있지는 않은가?

☐ 성급히 결론을 맺거나, 너무 감정적으로 받아들이고 있지는 않은가?

☐ 일반화의 함정에 빠져 있지는 않은가?

예 내 동생이 불평을 많이 하는 것은 사실이지만, 그것은 그 애가 내가 하는 일을 당연하게 여기는 것이 아니라 나를 신뢰한다는 증거다. 우리는 아주 잘 어울리고 실제로 함께 시간을 보낸다. 지난달 내가 영화를 보자고 했더니, 동생은 빨리 영화관에서 만나자고 했다.

_____

_____

_____

_____

_____

당신의 패러다임이 목표를 달성하기 위해 어떻게 변화해야 하는지 확인한다.

새로운 신념 체계에 맞는 행동을 취하라. 당신이 전에 생각했던 것보다 훨씬 더 강하고 더 운이 좋다는 것을 알 수 있는 기회다.

> 예 동생은 나와 더 많은 시간을 보내고 싶어 하며, 기회가 있으면 더 많이 나와 함께할 것이다. 그 애한테 전화해서 정기적으로 자매 모임을 하자고 할 예정이다. 일주일에 적어도 한 번은, 목요일에 만나자고 제안하겠다.

_____

_____

_____

_____

_____

주간
목표

_____

목표	실천 계획

목표 달성을 위해 실천해야 할 3가지

① _____

② _____

③ _____

이번 주의 다짐

_____

_____

목표에 집중했던 요일

○ 월   ○ 화   ○ 수   ○ 목   ○ 금   ○ 토   ○ 일

이번 주의 보상

_____

Weekly Review

자신의 삶을
주도하라

우리에게 일어나는 자극과
그 자극에 대한 반응 사이에는
간격, 즉 공간이 있다.
우리 성장과 행복의 열쇠는
우리가 그 공간을
어떻게 이용하는가에 달려 있다.

한눈에 살펴보기

주도적인 사람들은 우선 멈춘 다음, 원칙과 스스로 바라는 결과에 따라 자신의 반응을 선택한다. **반사적인** 사람들은 외부의 영향이 자신의 반응을 통제하도록 내버려둔다.

자신에게 질문하기

다음에 감정이 격해지는 상황이 생길 때, 어떻게 주도적으로 대응할 수 있을까?

_____

_____

_____

_____

감정이 격해진 상황에서 해야 할 7가지

☐ 부정적인 생각을 일찍 알아차릴 수 있도록 (그리고 마냥 욕하는 일이 없도록) 무엇이 당신을 화나게 하는지 파악한다.

☐ 신체에 나타나는 분노의 징후를 알아차린다. 호흡에 집중하고, 들이쉬는 것보다 더 오래 숨을 내쉰다. 근육을 긴장시켰다가

완전히 이완한다. 눈을 굴리거나 주먹을 움켜쥐거나 중얼거리고 있는가? 심장이 빠르게 뛰고 있는가? 땀을 흘리기 시작하고 집중할 수 없는가? 목소리를 높이고 있는가? "무슨 일이 있어도" 혹은 "당신은 틀렸어"라고 말하거나, 위협을 가하거나, 막말하고 있는가?

☐ 말을 멈추고, 평화로운 풍경을 상상하거나 숫자를 거꾸로 세어보라. "나는 이제 화를 내지 않기로 결정했다. 나는 내 감정을 통제하고 있다"라고 자신에게 반복해서 말해보라. 가능하면 '타임아웃'을 요청하라.

☐ 긴장을 풀기 위해서 유머를 사용해라. 빈정대거나, 가슴을 후벼파거나, 불친절한 유머는 자제하라.

☐ 이 사람 또는 이 상황은 정말 문제가 될 만한 가치가 있는가? 이런 상황에서 _____(긍정적 롤모델의 이름 적어넣기)은(는) 어떻게 행동할 것인가?

☐ 현재의 순간에 초점을 맞추고, 긍정적인 자기와의 대화를 하라. 혹은 마음을 평온하게 하는 말이나 다짐을 반복해보라.
"내가 바라던 일이 일어나지 않더라도 괜찮다. 이것은 영원히 지속되지 않을 것이다."
"그 일은 나에게 중요한 문제다. 그러니 지금 화가 나는 것은 정상이다. 하지만 분노에 따라 행동하지 않는 것이 중요하다. 나는 침착하게 지낼 것이다. 상황을 악화시키는 어떤 일도 하고 싶지 않다."

"사람들이 항상 내가 바라는 대로 하지는 않을 것이다. 나는 그들의 말과 행동을 통제할 수 없지만, 나 자신은 통제할 수 있다. 나는 다른 사람이 나를 좌우하지 못하게 하겠다."

"나는 분노가 문제를 해결하지 못한다는 것을 알고 있다. 이 문제를 어떻게 해결할 수 있을까?"

☐ 스스로에게 물어보라. "이 사람에게 내가 느끼는 감정을 알려주는 가장 좋은 방법은 무엇인가?" 나중에, 누군가에게 상처를 받는다면 그 사실을 인정하라. '나 전달법'을 사용하라.

이번 주에는 아침마다 나를 반사적으로 만들 수 있는 사람이나 상황을 예상해보라. 어떤 상황이 당신을 자극하는가? 어떻게 하면 반사적 반응을 하지 않을 수 있을까?

다음 주에 나는 어떤 감정을 느끼게 될까?

(해당하는 감정에 모두 표시하라)

거부당한	걱정스러운	공격적인	긴장된	나쁜 사람이 된
노출된	단절된	당황스러운	들리지 않는	무기력한
무력한	무례한	무시당하는	배제하는	버림받은
부당하게 대우받는	부러운	불만 있는	불신하는	불안한

불편한	불확실한	비난을 받는	사랑받지 못하는	상처 입은
속은	스트레스를 받는	실망스러운	심술궂은	안전하지 않은
압도당한	외로운	우울한	잊힌	짜증나는
책망받는	탈진한	통제된	판단하는	함정에 빠진

매일 아침 주도적으로 행동하기 위해 할 수 있는 일을 결정하라.

월요일

화요일

수요일

목요일

_____

_____

_____

금요일

_____

_____

_____

토요일

_____

_____

_____

일요일

_____

_____

_____

주간
목표

목표	실천 계획

목표 달성을 위해 실천해야 할 3가지

① _____

② _____

③ _____

이번 주의 다짐

_____

_____

목표에 집중했던 요일

○월 ○화 ○수 ○목 ○금 ○토 ○일

이번 주의 보상

_____

5주
'변환자' 되기

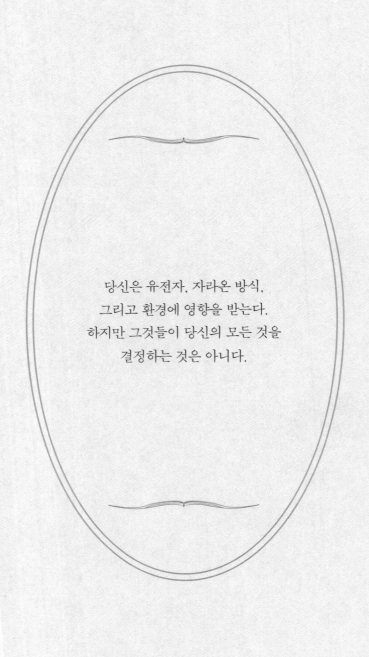

당신은 유전자, 자라온 방식,
그리고 환경에 영향을 받는다.
하지만 그것들이 당신의 모든 것을
결정하는 것은 아니다.

한눈에 살펴보기

변환자는 건강하지 않은, 폭력적인, 효과적이지 않은 행동을 타파한 사람이다. 그들은 행동과 습관의 본보기가 되어 다른 사람을 긍정적인 방향으로 강화하고 개발한다.

자신에게 질문하기

나에게 본보기가 되어준 사람은 누구인가? 그들은 내 삶에 어떤 영향을 미쳤는가?

_____

_____

_____

효과적인 본보기가 되는 사람들은 성실성과 함께 명확한 가치를 보여준다. 그 가치는 다음과 같다. 훌륭한 의사소통 능력, 낙관주의와 자신감, 이타심, 다른 사람에 대한 존중, 동정심, 자제력, 헌신, 열정, 인내, 지식과 노력, 다재다능함.

나에게는 나쁜 습관, 부정적인 태도 등이 있는가? 성장 과정에서 물려받았을 수 있는 부정적인 패턴을 생각해보라.

_____

_____

_____

_____

_____

이러한 것들이 당신에게 어떤 영향을 미치는가?

_____

_____

_____

_____

이러한 행동을 그만두면 어떤 일이 일어날까?

_____

_____

_____

_____

_____

이 변환이 당신에게 얼마나 중요한지 1(전혀 아님)에서 5(매우 중요함)
사이에서 측정해보라. 그렇게 점수를 매긴 이유는 무엇인가?

_____

_____

_____

나는 _____ 사람이기 때문에 해낼 수 있다.

감동적인	감탄이 나오는	거침없는	겁이 없는	경이로운
놀라운	대단한	멋진	상상 이상의	비범한
세상의 기준을 뛰어넘은	엄청난	영감을 주는	인상적인	자신만만한
장난 아닌	장엄한	치열한	특별한	환상적인

당신의 행동을 바꾸기 위해 사람들에게 무엇을 요청할 수 있는가?

1. _____

2. _____

3. _____

당신이 나아지고 있다는 것을 어떻게 알 수 있을까?

_____

_____

_____

만약 옛날 습관으로 되돌아가기 시작한다면 어떻게 해야 할까?

_____

_____

_____

부정적인 패턴을 깨기 위해 이번 주에 할 수 있는 일은 무엇인가?

월요일

_____

_____

_____

화요일

_____

_____

_____

수요일

_____

_____

_____

목요일

금요일

토요일

일요일

주간
목표

목표	실천 계획

목표 달성을 위해 실천해야 할 3가지

① _____

② _____

③ _____

이번 주의 다짐

_____

_____

Weekly Review

목표에 집중했던 요일

○월 ○화 ○수 ○목 ○금 ○토 ○일

이번 주의 보상

_____

반사적인 언어가 갖는 심각한 문제는
그것이 자성예언이 된다는 점이다.
이런 사람들은 자신들의 삶이나 운명을
책임지지 않고 피해의식을 가지며
스스로에 대한 통제력을 상실한다.
그들은 자신이 처한 상황을
다른 사람들이나 주위 환경,
심지어 하늘에 떠 있는 별들과 같은
외부의 영향력 탓으로 돌린다.

한눈에 살펴보기

반사적인 언어는 자신을 주도적이고 자립적인 사람이 아니라, 상황의 희생자로 여기는 확실한 신호이다.

반사적인 언어	주도적인 언어
내가 할 수 있는 일이라고는 없어.	내가 제3의 대안을 찾아볼게.
이게 내가 할 수 있는 전부야.	나는 다른 방법을 선택할 수 있어.
그 사람들 때문에 미치겠어.	나는 내 감정을 통제할 수 있어.
네가 다 망쳐 놨잖아!	너의 나쁜 기분이 나까지 뒤덮도록 두지 않을거야.
그들이 허락하지 않아.	새로운 방식을 시도해볼거야!
어쩔 수 없는 일이야.	나는 다른 적절한 대응을 찾아볼거야.
나는 이것을 할 수 없어.	나는 이것을 하기로 선택했어.
이것을 해야만 해.	이것을 하기를 원해.
할 수만 있다면 좋겠네.	나는 이것을 할 거야.
상황이 나빠지고 있어.	내가 주도적으로 무엇을 할 수 있을까?
이만하면 됐어.	이게 정말 최선의 결과일까? 언제나 개선의 여지가 있어. 나는 계속 노력할거야.
이건 너무 어려워!	될 때까지 노력해보겠어.
나는 이 일을 잘하지 못해.	실수는 나를 발전하게 할 거야.

알 수가 없네.	내가 무엇을 놓치고 있을까?
나 포기할래!	이건 정말 어렵네. 하지만 계속 노력할 거야. 배운 것을 활용해봐야지.
그들은 너무 똑똑해. 나는 절대 그들처럼 똑똑하지 않아.	그들이 어떻게 해냈는지 알아봐야지. 그리고 나도 똑같이 해볼 거야.
플랜A가 실패했어.	아직도 B에서 Z까지 남았지!
나는 바보인가 봐.	이런, 실수를 했네.
아무도 나를 좋아하지 않아.	나는 나를 좋아해.
나는 비열한 인간이야.	비난받을 짓을 좀 했네.
나는 제대로 하는 것이 없어.	아직 해결책을 찾지 못했을 뿐이야.
나는 충분하지 않아.	나는 충분하고 가치 있는 사람이야.

자신에게 질문하기

나의 말이 나를 희생자로 만드는가? 내가 통제할 수 있는 것과 내가 통제할 수 없는 것은 무엇인가?

예 내가 통제할 수 있는 것: 말, 나의 행동 및 태도

내가 통제할 수 없는 것: 과거의 실수, 가족, 동료

_____

_____

_____

_____

_____

삶의 여러 영역을 살펴보며 좀 더 깊이 있게 생각해보자.

삶의 영역	내가 통제할 수 있는 것	내가 통제할 수 없는 것
나의 핵심 가치, 성격, 성품적 특성과 감정		
나의 환경		
나의 건강과 기본적인 욕구		
나의 인간관계		
나의 재산과 부		
나의 경력과 성취		
나의 역량		
나의 영성		

하루 종일 "할 수 없다", "하지 않으면 안 된다" 혹은 "당신은 나를 미치게 해"와 같은 반사적 언어를 사용하지 않고 지내보라.

☐월 ☐화 ☐수 ☐목 ☐금 ☐토 ☐일

어떤 한 주를 보냈는가?

_____

_____

_____

_____

_____

기억해야 할 것들

- 일단 멈추고, 행동하기 전에 생각하라. "무엇이 옳은 일인가?" 자문해보라.

- 자신에 대한 책임을 져라. 다른 사람들은 어떤 방식으로도 당신이 특정한 감정을 갖도록 '만들지' 못한다. 당신이 그런 감정을 선택했을 뿐이다.

- 당신의 감정을 인식하고, 감정을 관리하는 건강한 방법을 배워라.

외부의 것이 변화하기를 기대하지 말고 먼저 자신을 바꾸기로 결정하는 순간, 당신은 더 효과적인 사람이 된다.

주간
목표

목표	실천 계획

목표 달성을 위해 실천해야 할 3가지

① _____

② _____

③ _____

이번 주의 다짐

_____

_____

목표에 집중했던 요일

○월 ○화 ○수 ○목 ○금 ○토 ○일

이번 주의 보상

_____

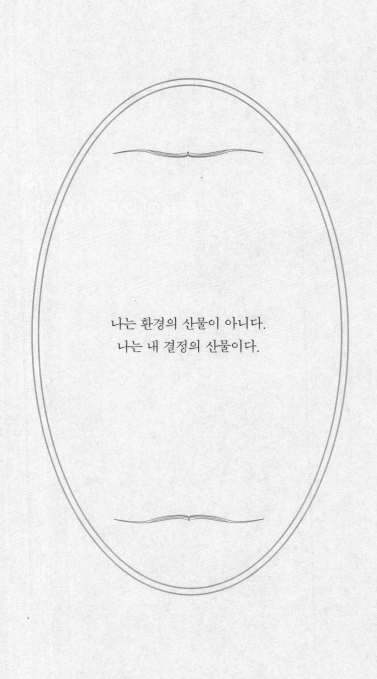

나는 환경의 산물이 아니다.
나는 내 결정의 산물이다.

한눈에 살펴보기

우리가 사용하는 언어는 우리가 자신을 주도적인 사람으로 보는 정도를 나타내는 지표다. 주도적 언어를 사용하면 더 많은 능력을 갖게 되고 행동할 힘이 생긴다.

주도적인 사람은 주도적인 언어를 사용한다(예: 할 수 있다, 할 것이다, 이렇게 하고 싶다). **반사적인** 사람은 반사적인 언어를 사용한다 (예: 할 수 없다, 하지 않으면 안 된다, 만약 …라면 좋을 텐데). 반사적인 사람들은 그들의 말과 행동에 책임이 없다고 믿는다. 그들은 선택의 여지가 없다고 느낀다.

아래의 문장은 주도적인가 아니면 반사적인가?

문장	주도적이다	반사적이다
1. 이 프로젝트는 팀을 효과적으로 운영하지 않았기 때문에 실패했다. 다음에는 전략을 바꿀 예정이다. 보다 효과적인 프레젠테이션을 하고, 이 프로젝트의 성공을 위해 모두의 역할이 중요하다는 사실을 설명하겠다.		
2. 이 프로젝트는 팀 구성원들이 충분히 지원해주지 않았기에 실패했다. 그들이 다음에는 더 잘 해주기를 바란다.		

3. 일주일 정도 쉬면서 아이들과 함께 바닷가
   로 여행을 갈 수 있으면 좋겠지만, 할 일이
   있고 휴가가 짧아서 그렇게 할 수 없다

4. 일주일 정도 쉬면서 여행을 하고 싶지만, 현
   재 나에게는 재정적 안정과 경력이 더 중요
   하다. 그래서 이번에는 여행을 가지 않고 경
   력 관리에 더 집중하기로 선택했다.

5. 좀 더 마음 넓은 배우자와 결혼했더라면…

6. 나는 나 자신의 감정을 통제하고 있다.

주도적: 1, 4, 6 반사적: 2, 3, 5

주도성은 문제가 있고, 모든 것이 통제 불능이라고 느끼거나, 일이
원하는 대로 잘 되지 않는 경우에도, **여전히 올바른 대응이나 솔루
션을 찾기 위해 시간을 들이는 것을 말한다.**
아래 표는 주도적이거나 반사적인 사람들에게 내재된 주요 특징
을 나타낸다. 어떤 말을 사용하는지에 따라 이 두 집단을 구별할
수 있다.

주도성	반사성
능동적이고 솔선수범한다	수동적이다
목표에 따라 상황을 변화시키거나, 목표 달성에 도움이 되는 상황을 선택한다	분위기에 직접적으로 좌우되거나, 외부 상황이나 요인에 따라 행동의 결과가 정해진다
결정의 결과에 대한 책임을 진다	책임을 지지 않거나 다른 사람에게 전가한다
원칙에 입각한 목표를 추구한다	감정에 휘둘린다
행동의 목적이 된다	행동의 지배를 받는다
어떤 사건에 대해 반응을 선택할 자유가 있음을 인식한다	사건과 반응이 직접적으로 연관된다

다음과 같은 반사적인 문장을 어떻게 하면 주도적인 문장으로 바꿀 수 있을까?

"업무가 좀 줄어들면, 운동을 시작할 것이다."

_____

_____

"내 상사가 그렇게 멍청하지만 않았더라면."

_____

_____

"업무에 내 모든 시간을 빼앗기지 않았더라면."

_____

_____

"내가 교육만 좀 더 많이 받았더라면."

_____

_____

"너는 내 시간을 낭비하게 해!"

_____

_____

"나는 전에 이 일을 해본 적이 없고, 이 일에 대해 아무것도 모른다."

_____

_____

"나는 필수적인 인맥이 없다."

_____

_____

"나는 이 사업을 시작할 자금이 없다."

_____

_____

"아무도 그것을 필요로 하지 않는다."

_____

_____

"그들은 여전히 내 제안을 지지하지 않을 것이다."

_____

_____

"이 일을 하고 싶지만 시간이 없다."

_____

_____

자신에게 질문하기

삶에서 현재 어려움을 겪고 있는 영역이 있는가? 어떤 상황인지 설명
해보라.

예 인간관계, 경력, 건강 등

_____

_____

_____

_____

_____

이제 몇 가지 주도적인 문장을 사용해 그 상황에 대한 설명을 다시 작
성해보자.

_____

_____

_____

_____

_____

주도적인 언어를 사용할 때, 자신에 대한 느낌이 어떻게 달라지는가?

_____

_____

_____

_____

_____

의식적으로 오늘 이러한 말을 사용해보자.

"나는 이 일을 하고 싶어."

"나는 이 일을 시작하겠어."

"나는 할 수 있어."

주간 목표

목표	실천 계획

목표 달성을 위해 실천해야 할 3가지

① _____

② _____

③ _____

이번 주의 다짐

_____

_____

목표에 집중했던 요일

○월 ○화 ○수 ○목 ○금 ○토 ○일

이번 주의 보상

_____

Weekly Review

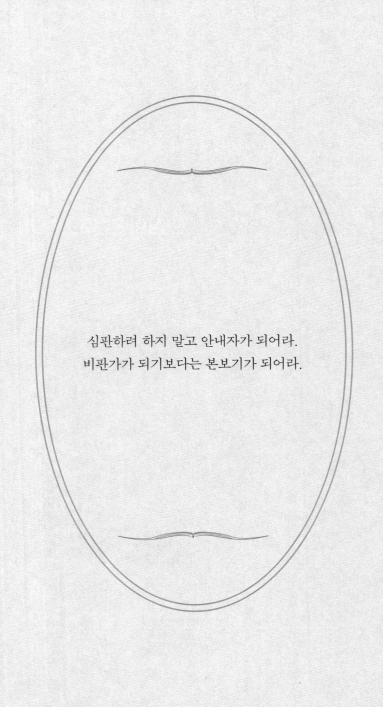

심판하려 하지 말고 안내자가 되어라.
비판가가 되기보다는 본보기가 되어라.

한눈에 살펴보기

관심의 원은 걱정은 되지만 통제할 수 없는 것을 포함한다. 여기에 초점을 맞출 경우, 영향을 미칠 수 있는 것들에 사용할 시간과 에너지가 줄어든다.

당신이 통제할 수 있는 것들

자신의 태도와 행동 · 자신의 활동과 반응 · 자신의 사고방식 · 긍정/부정 사고방식 여부 · 과거를 생각하는 정도 · 목표와 집중하고 있는 일 · 에너지를 사용하는 곳 · 자기대화의 종류("나는 할 수 있어" vs "나는 못 해") · 걱정하는 데 쓰는 시간 · 감정을 조절하는 방법 · 다른 사람과 관계를 맺는 방법 · 경계선을 설정하고 존중하는 일 · 대화를 그만둘 때 · 책무 완수 여부 · 약속 이행 여부 · 실수에 대한 인정 · 다시 시도할지, 언제 시도할지 · 얼마나 큰 위험을 감수할지 · 새로운 계획과 기존 계획 사이의 선택 · 결정을 내리기 전에 얻을 수 있는 정보의 양 · 사람들과 공유하는 정보의 양 · 자신의 몸을 돌보는 방법 · 대응 전략 · 일할 때의 준비와 거기에 기울이는 노력의 수준 · 핵심 가치관으로 생활하기 · 개인의 성장 실천하기 · 현재를 살기 · 사랑하는 사람을 볼 때 그들에게 보여주는 관심 · 불필요한 것을 사려고 지갑을 꺼내는 순간 당신은 또 무엇을 통제할 수 있는가?

_____

_____

_____

_____

_____

_____

당신이 통제할 수 없는 것들

변화·날씨·다른 사람들의 생각과 느낌·다른 사람들의 말과 행동·교통
상황·과거·미래·다른 사람들의 행복과 기대·생일과 태어난 곳·생물학
적 부모가 누구인지·탈모·타고난 재능·행운·다양한 질병·시간이 흐
르고 나이를 먹는 것·국제 경제·정부·죽음·신의 의지·자연재해·가스
가격·전쟁·기근·신체적, 정신적 한계·스포츠 경기의 결과·당신에게
잘못한 사람들·당신을 좋아하거나 싫어하는 사람들(그리고 그들이 당신을
얼마나 좋아하는지)·고통·삶이 항상 공정하지만은 않다는 사실·'만약에
… 라면'의 시나리오·신체적 욕구(식욕, 수면욕 등)·어떤 일의 정확한 결
과·고양이

당신은 또 무엇을 통제할 수 없는가?

_____

_____

_____

_____

_____

_____

자신에게 질문하기

이번 주에 내가 통제할 수 없는 것들 때문에 얼마나 시간과 에너지를 낭비했는가?

_____

_____

_____

_____

_____

_____

다음은 통제할 수 없는 것을 다루기 위한 몇 가지 대응 전략이다.

- 자신의 감정을 인지하고 두려움을 느끼고 있는지 확인한다.
- 계획을 유연하게 수립한다. 결과에 너무 연연하지 않는다.
- 이유에 집착하지 말고(예: 만약 내가 날씬해진다면 사람들은 나를 좋아할 것이다), 당신이 통제할 수 있는 것들의 목록을 만든 뒤 거기에 대한 당신의 영향력에 집중한다.
- 건강한 다짐을 작성하고, 잘 보이는 곳에 붙여둔다.
- 스트레스 관리 계획을 세운다.
- 신뢰할 수 있는 사람들에게 찾아가서, 당신이 감정을 분출(과하게 불평)하지 않고 진정한 문제 해결에 집중할 수 있도록 도움을 요청한다.
- 삶이 불확실하다는 사실을 받아들인다. 절망적인 일은 물론, 그 어느것도 영원하지 않다는 사실을 기억한다. 변화를 포용한다(혹은 최소한 수용한다).
- 관점을 바꾸고, 개인의 성장을 위해 노력한다.

또 어떤 대응 전략이 있을까?

_____

_____

_____

_____

_____

_____

현재 직면하고 있는 문제나 기회를 생각해보라. 관심의 원 안에 있는
모든 것을 종이 위에 열거한 다음, 그것들을 불태우고, 갈기갈기 찢고,
변기에 넣고 물을 내려버려라.

_____

_____

_____

_____

_____

_____

주간
목표

목표	실천 계획

목표 달성을 위해 실천해야 할 3가지

① _____

② _____

③ _____

이번 주의 다짐

_____

_____

Weekly Review

목표에 집중했던 요일

○월 ○화 ○수 ○목 ○금 ○토 ○일

이번 주의 보상

_____

9주
'영향력의 원' 확장하기

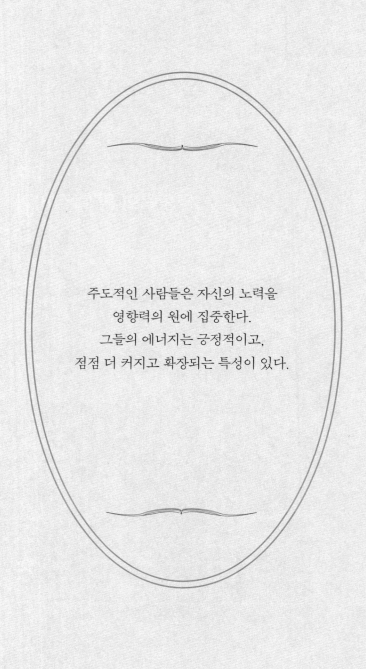

주도적인 사람들은 자신의 노력을
영향력의 원에 집중한다.
그들의 에너지는 긍정적이고,
점점 더 커지고 확장되는 특성이 있다.

한눈에 살펴보기

영향력의 원은 당신이 직접 영향을 미칠 수 있는 것들을 포함한다. 원 안의 것들에 집중하면 당신의 지식과 경험이 확장되고, 그렇게 되면 영향력의 원이 커진다.

자신에게 질문하기

나의 영향력의 원은 커지고 있는가 아니면 줄어들고 있는가?

☐ 커진다   ☐ 줄어든다

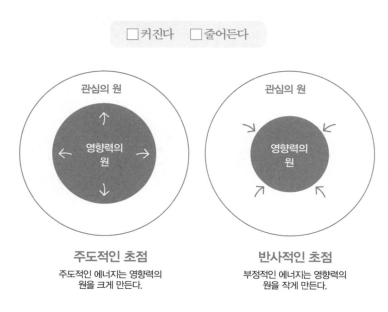

주도적인 초점
주도적인 에너지는 영향력의
원을 크게 만든다.

반사적인 초점
부정적인 에너지는 영향력의
원을 작게 만든다.

현재 직면한 큰 도전을 적어보라.

_____

_____

_____

당신이 통제할 수 있는 것을 모두 적어보라.

_____

_____

_____

영향력의 원을 살펴보고, 이번 주에 나의 영향력을 높이기 위해 실천
할 수 있는 행동을 결정한다.

월요일

_____

_____

화요일

_____

_____

수요일

_____

_____

목요일

_____

_____

금요일

_____

_____

토요일

_____

_____

일요일

_____

_____

주간
목표

목표	실천 계획

목표 달성을 위해 실천해야 할 3가지

① _____

② _____

③ _____

이번 주의 다짐

_____

_____

목표에 집중했던 요일

○월 ○화 ○수 ○목 ○금 ○토 ○일

이번 주의 보상

_____

10주
주도적인 날 보내기

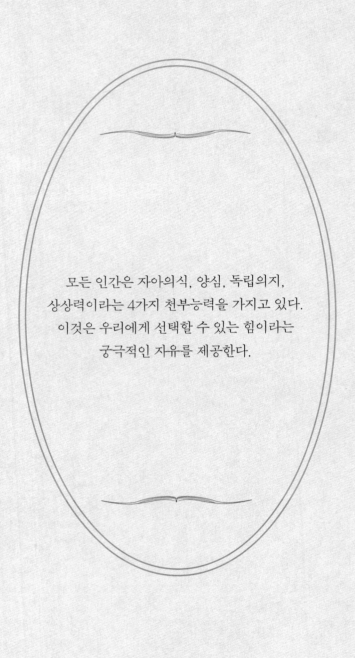

모든 인간은 자아의식, 양심, 독립의지,
상상력이라는 4가지 천부능력을 가지고 있다.
이것은 우리에게 선택할 수 있는 힘이라는
궁극적인 자유를 제공한다.

한눈에 살펴보기

주도적인 사람들은 스스로 "자기 삶의 창조적 힘"이 되어 자신의 길을 선택하고 그 결과에 책임을 진다. **반사적인** 사람들은 자신을 희생자로 본다.

자신에게 질문하기

오늘 내 인생에서, 나의 주도성에 영향을 미칠 수 있는 일이 일어나고 있는가? 어떤 일인가?

_____

_____

_____

_____

이번 주 자신이 반사적으로 되어간다고 느껴질 때마다, 자아의식, 상상력, 양심, 독립의지의 4가지 천부적인 능력 중 하나를 불러낸다. 하루가 끝나기 전까지 4가지 천부적인 능력을 모두 사용해본다.

주도적인 모델

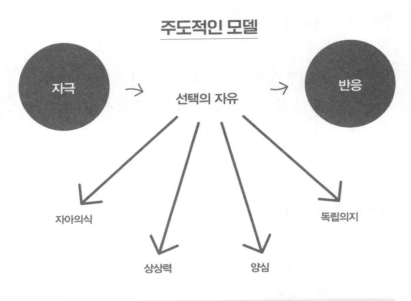

목표에 집중했던 요일

☐월 ☐화 ☐수 ☐목 ☐금 ☐토 ☐일

이번 주에 경험한 것에 대하여 떠오르는 생각을 적어본다.

월요일

_____

_____

_____

화요일

_____

_____

_____

수요일

_____

_____

_____

목요일

_____

_____

_____

금요일

_____

_____

_____

토요일

일요일

주간
목표

목표	실천 계획

목표 달성을 위해 실천해야 할 3가지

① _____

② _____

③ _____

이번 주의 다짐

_____

_____

목표에 집중했던 요일

○월 ○화 ○수 ○목 ○금 ○토 ○일

이번 주의 보상

_____

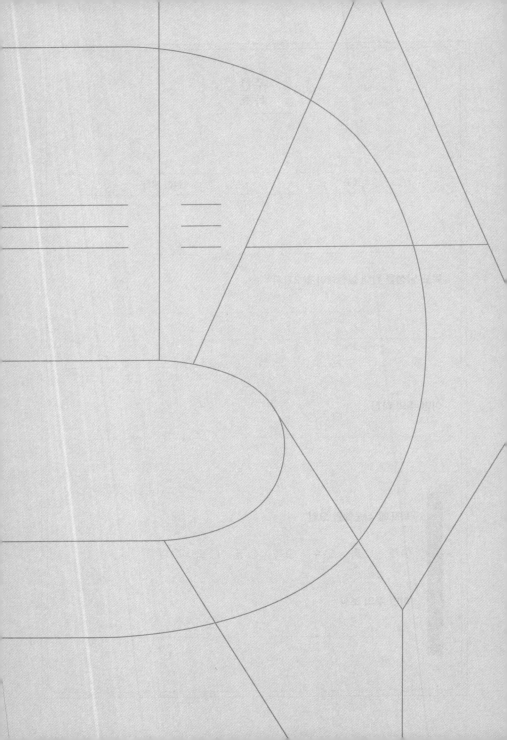

끝을 생각하며
시작하라

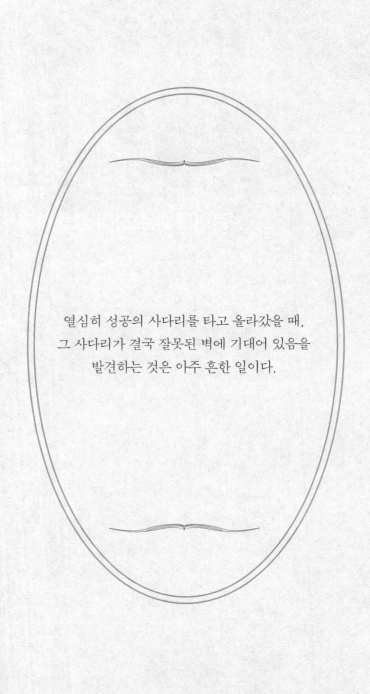

열심히 성공의 사다리를 타고 올라갔을 때,
그 사다리가 결국 잘못된 벽에 기대어 있음을
발견하는 것은 아주 흔한 일이다.

한눈에 살펴보기

모든 것은 두 번 창조된다. 첫 번째 창조는 정신적 창조이고 두 번째 창조는 실제적 창조다. 행동하기 전에 달성하고자 하는 것에 대한 명확한 아이디어를 가지고 시작하라.

자신에게 질문하기

마음속에 일이 어떻게 끝날지에 대한 명확한 모습을 그리며 시작할 때, 결과가 어떻게 달라지는가?

_____

_____

_____

_____

_____

월요일

다음 페이지의 일정표를 사용하여 주간 일정을 만들어보라.

나의 이번 주

월요일	화요일	수요일	목요일

금요일	토요일	일요일	NOTES

화요일

일정에서 직장과 관련된 것 하나, 개인적인 것 하나를 선택하라. 그 일
들이 각각 어떻게 끝날지 아래에 적어보라.

_____

_____

_____

_____

_____

수요일

일정을 자세히 살펴보라. 원하는 삶을 사는 데 방해가 되는 것은 무엇
인가?

_____

_____

_____

_____

_____

목요일

인생에서 우선순위가 가장 높은 일을 생각해보라. 주간 일정이 이 우선순위를 따르고 있는가?

_____

_____

_____

_____

_____

금요일

당신을 모르는 사람에게 자신을 어떻게 묘사할지 써보라. 주간 일정이 당신이 누구인지를 잘 보여주는가?

_____

_____

_____

_____

_____

토요일

당신의 가장 큰 강점은 무엇인가? 이번 주에 그 강점을 어떻게 사용하고 있는가?

_____

_____

_____

_____

_____

일요일

다음 주의 목표는 무엇인가?

_____

_____

_____

_____

_____

주간
목표

목표	실천 계획

목표 달성을 위해 실천해야 할 3가지

① _____

② _____

③ _____

이번 주의 다짐

_____

_____

목표에 집중했던 요일

○월 ○화 ○수 ○목 ○금 ○토 ○일

이번 주의 보상

_____

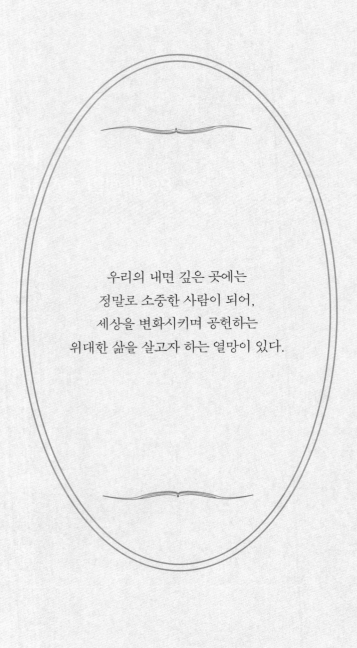

우리의 내면 깊은 곳에는
정말로 소중한 사람이 되어,
세상을 변화시키며 공헌하는
위대한 삶을 살고자 하는 열망이 있다.

한눈에 살펴보기

효과적으로 산다는 것은 앞으로 가장 중요한 관계에 노력을 기울이고, 당신이 남기고 싶은 유산을 정의하는 데 시간을 할애하여 책임을 다하겠다는 뜻이다.

자신에게 질문하기

어떤 유산을 남기고 싶은가?

_____

_____

_____

_____

_____

당신의 80세 생일을 떠올려보자. 누가 참석할까? 그들이 각자 당신에 대해, 그리고 당신이 그들의 삶에 끼친 영향에 대해 무슨 말을 할까?

가족

친구와 이웃

직장 동료

_____

_____

_____

_____

_____

_____

이번 주에 위 내용을 실현하기 위해 할 수 있는 일 한 가지를 써본다.

_____

_____

_____

_____

주간
목표

목표	실천 계획

목표 달성을 위해 실천해야 할 3가지

① _____

② _____

③ _____

이번 주의 다짐

_____

_____

목표에 집중했던 요일

○ 월 ○ 화 ○ 수 ○ 목 ○ 금 ○ 토 ○ 일

이번 주의 보상

_____

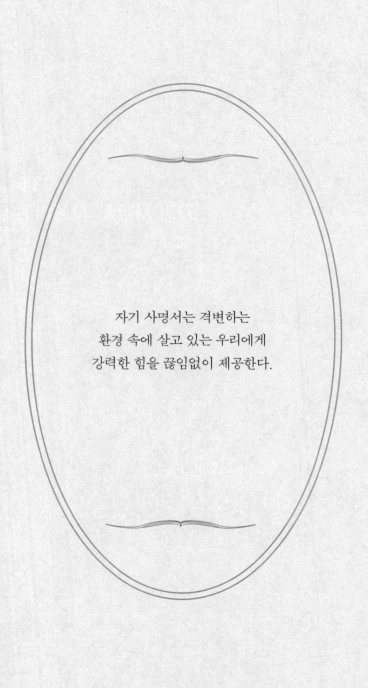

자기 사명서는 격변하는
환경 속에 살고 있는 우리에게
강력한 힘을 끊임없이 제공한다.

한눈에 살펴보기

자기 사명서는 당신의 핵심 가치와 우선순위를 명확히 한다. 자기 사명서는 인생의 최종 형태다. 자기 사명서를 통해 다른 사람이나 상황에 의해 인생이 만들어지기보다 스스로 자신의 미래를 만들어갈 수 있다.

자신에게 질문하기

내 미래의 강력한 비전은 무엇인가?

_____

_____

_____

_____

다음은 미국의 유머 작가 에르마 봄벡Erma Bombeck이 쓴 칼럼 〈코티지 치즈를 덜 먹고 아이스크림을 더 먹는 경우에 관한 연구〉에서 발췌한 것으로, 봄벡의 일상적인 결정을 이끌었던 가치관을 자세히 설명한다.

만약 내가 인생을 다시 한 번 살 수 있다면, … 나는 당신들을 더 많이 사랑할 것이다. 더 많이 미안하다고 말하고, 더 잘 들을 것이다. 그러나 대부분의 순간은 온전히 즐길 것이다. 그 순간을 바라보고, 정말로 알고, 있는 그대로 살고, 완전히 소진하여 아무것도 남지 않을 때까지 그 시간을 되돌리지 않을 것이다.

만약 이 문장을 당신만의 버전으로 재작성한다면, 어떤 내용을 추가할 것인가?

위의 아이디어를 사용하여 자기 사명서를 작성해보자. 자기 사명서를 수정할 때는 다음 사항에 유의하라.

- 원칙에 기반을 두고 있는가?
- 당신의 삶에서 진정 중요한 것을 다루는가?
- 인생의 방향과 목적을 제시하는가?
- 당신이 지닌 최고의 가치가 드러나는가?

자기 사명서

주간
목표

목표	실천 계획

목표 달성을 위해 실천해야 할 3가지

① _____

② _____

③ _____

이번 주의 다짐

_____

_____

Weekly Review

목표에 집중했던 요일

○월 ○화 ○수 ○목 ○금 ○토 ○일

이번 주의 보상

_____

14주
관계 재검토하기

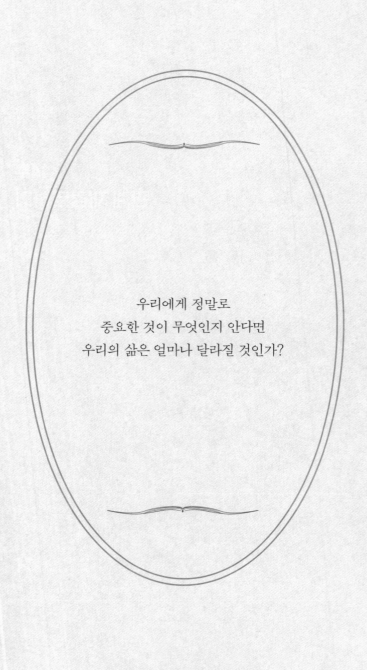

우리에게 정말로
중요한 것이 무엇인지 안다면
우리의 삶은 얼마나 달라질 것인가?

한눈에 살펴보기

효율성에 집중할 때면 우리에게 정말 중요한 사람들을 간과하기 쉽다. 진정한 **효과성**은 우리가 다른 사람들에게 미치는 영향에서 비롯된다.

자신에게 질문하기

중요한 사람이 있는가? 이번 주 그와 어떤 관계를 맺어나갈 수 있을까?

_____

_____

_____

_____

_____

_____

관계를 개선하는 방법들

이 팁은 연인부터 친구, 직장, 가족까지 모든 종류의 인간관계에 적용할 수 있다.

1. 자기 관리와 인간관계의 필요성 사이에 **균형**을 유지한다.
2. 다른 사람들의 감정은행계좌에 **지속적으로, 자주 예입한다.** 어떤 행동이 그 사람에게 예입되는지 확실히 알아낸다.
3. 기꺼이 **의사소통**한다. 먼저 상대방을 이해하고, '다음에' 상대방에게 나를 이해시킨다. 공감하며 경청하고, 그저 대답하기 위해 듣지 않는다. 이야기해야 할 때와, 둘 다 준비될 때까지 기다려야 할 때를 알아차린다.
4. **경계를 인식**한다. 육체적 접촉이나 친밀감의 표시가 상호 수용 가능한지 확인한다.
5. 서로 **지원**하되, 반드시 모든 것을 함께할 필요는 없다. 지원을 제공할 때는 서로 존중하라. 한 명이 길을 잃었을 때 서로의 등대가 되어주면서도 전문적인 도움이 필요할 때를 파악하라.
6. 약속한 것에 **책임을 진다.** 인간관계에 높은 우선순위를 부여한다.
7. **항상 함께한다.** 상황이 나빠진 다음에야 서로를 찾지 않는다. 연결고리를 유지하고 좋을 때나 나쁠 때나 함께한다. '진정으로' 경청하라.
8. **용서를 실천**하고 서로 더 나은 사람이 되도록 격려한다.

중요한 관계의 최종적인 모습을 깊이 생각하고 적어보라.

_____

_____

_____

_____

_____

그 모습을 조금이라도 현실화하기 위해 이번 주에 무엇을 할 수 있는가?

_____

_____

_____

_____

_____

주간
목표

목표	실천 계획

목표 달성을 위해 실천해야 할 3가지

① _____

② _____

③ _____

이번 주의 다짐

_____

_____

목표에 집중했던 요일

○월　○화　○수　○목　○금　○토　○일

이번 주의 보상

_____

15주
자기 사명서 공유하기

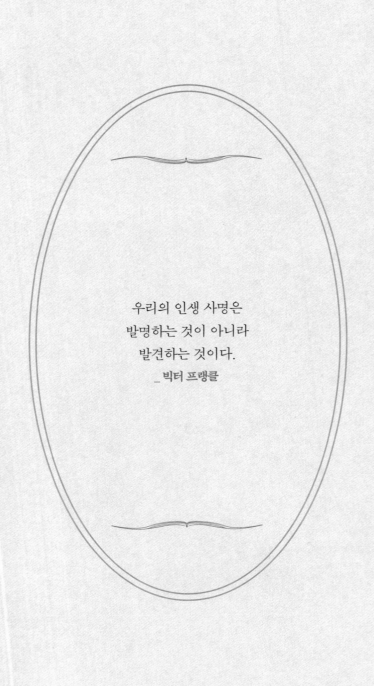

우리의 인생 사명은
발명하는 것이 아니라
발견하는 것이다.
_빅터 프랭클

한눈에 살펴보기

당신의 자기 사명서는 오직 당신만을 위한 것이 아니다. 당신이 사랑하는 사람들도 당신의 목표, 핵심 가치, 비전을 알게 됨으로써 혜택을 누릴 수 있다.

자신에게 질문하기

내 인생에서, 나의 자기 사명서의 내용에 가장 크게 영향을 받을 사람은 누구인가?

1. _____

2. _____

3. _____

4. _____

5. _____

목록을 살펴보라. 이번 주에는 당신이 신뢰하는 사람, 즉 친구나 가족 구성원에게 자기 사명서를 공유하라. 자기 사명서를 다듬기 위한 아이디어를 그들에게 요청하라.

그들은 자기 사명서에 대해 어떤 조언을 해주었는가?

_____

_____

_____

_____

_____

그들의 제안에 대해 어떻게 생각하는가?

_____

_____

_____

_____

_____

_____

수정된 자기 사명서

주간
목표

목표	실천 계획

목표 달성을 위해 실천해야 할 3가지

① _____

② _____

③ _____

이번 주의 다짐

_____

_____

목표에 집중했던 요일

○ 월 ○ 화 ○ 수 ○ 목 ○ 금 ○ 토 ○ 일

이번 주의 보상

_____

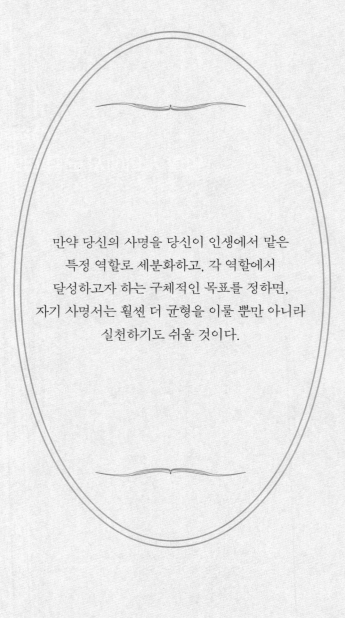

만약 당신의 사명을 당신이 인생에서 맡은
특정 역할로 세분화하고, 각 역할에서
달성하고자 하는 구체적인 목표를 정하면,
자기 사명서는 훨씬 더 균형을 이룰 뿐만 아니라
실천하기도 쉬울 것이다.

한눈에 살펴보기

우리 삶의 역할을 완수할 때 우리는 (종종 업무와 관련 있는) 중요한
역할 하나에 지나치게 집중하여 균형을 잃어버린다.

이번 주에 가장 집중하고 싶은 3가지 역할에 동그라미를 쳐라. 필요하
다면 다른 역할도 추가하라.

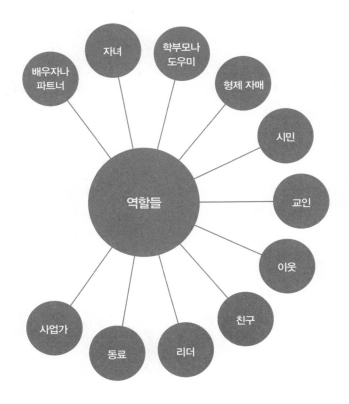

자신에게 질문하기

내 인생에서 나는 어떤 중요한 역할을 맡았는가?

_____

_____

_____

_____

_____

_____

11주차에서 만든 일정을 다시 살펴보자. 그 주부터 변경된 것이 있으면 다음 페이지에서 새 일정을 만든다.

나의 이번 주

월요일	화요일	수요일	목요일

금요일	토요일	일요일	NOTES

하나의 역할에 몰두하면서 다른 역할을 소홀히 하고 있지는 않은가?

_____

_____

_____

_____

_____

소홀히 하기 쉬운 중요한 역할을 적어보라. 그 역할에 더 충실하기 위
해 이번 주에 무엇을 할 수 있는가?

_____

_____

_____

_____

_____

주간
목표

목표	실천 계획

목표 달성을 위해 실천해야 할 3가지

① _____

② _____

③ _____

이번 주의 다짐

_____

_____

목표에 집중했던 요일

○월 ○화 ○수 ○목 ○금 ○토 ○일

이번 주의 보상

_____

습관 3

소중한 것을
먼저 하라

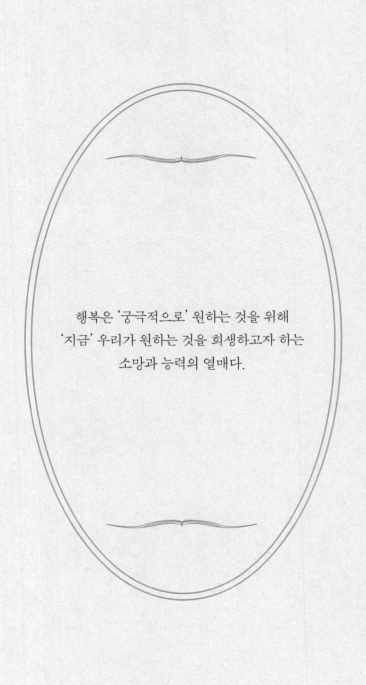

행복은 '궁극적으로' 원하는 것을 위해
'지금' 우리가 원하는 것을 희생하고자 하는
소망과 능력의 열매다.

한눈에 살펴보기

당신의 **목표**는 당신의 가장 깊은 내면의 가치, 독특한 재능, 그리고 사명감을 반영해야 한다. 효과적인 목표는 일상에서 의미와 목적을 일깨워주면서 매일의 활동에 스며든다.

자신에게 질문하기

정기적으로 수행한다면 내 삶에 엄청나게 긍정적인 영향을 미칠 수 있는 것을 한 가지 쓴다.

_____

_____

_____

다음은 목표를 정의하고, 자신에게 가장 중요한 것이 무엇인지 생각하는 데 도움이 될 질문들이다.

나를 확실히 행복하게 만드는 5가지는 무엇인가?

1._____

2._____

3. _____

4. _____

5. _____

나에게 천만 원이 있다면 어디에 쓸까? 그 이유는 무엇인가?

_____

_____

_____

원하는 누구와도 점심을 같이 먹을 수 있다면, 누구와 먹을까? 그 이
유는 무엇인가?

_____

_____

_____

한 가지 초능력을 가질 수 있다면, 어떤 능력을 가질 것인가? 그 이유
는 무엇인가?

_____

_____

_____

5년 뒤의 나는 어디서 무엇을 하고 있을까? 10년 뒤에는? 80세에는?

_____

_____

_____

_____

_____

이미 세운 목표를 생각하거나 새로운 목표를 정해보라. 그 목표를 달성했다고 상상해보라. 성공은 어떤 모습일까?

_____

_____

_____

_____

_____

프랭클린 플래너를 펴고 목표 달성을 위해 추진해야 할 활동들을 일정에 써넣어라.

주간
목표

목표	실천 계획

목표 달성을 위해 실천해야 할 3가지

① _____

② _____

③ _____

이번 주의 다짐

_____

_____

목표에 집중했던 요일

○월 ○화 ○수 ○목 ○금 ○토 ○일

이번 주의 보상

_____

핵심은 일정표에 있는
일의 우선순위를 정하는 것이 아니라,
우선순위 높은 일을 일정표에
반영하는 것이다.

한눈에 살펴보기

시간관리 매트릭스는 중요성과 긴급성, 2가지 요소에 따라 활동을
정의한다.

	긴급함	긴급하지 않음
중요함	제1사분면(관리) • 위기 • 의료적 응급 상황 • 급박한 문제 • 기간이 정해진 프로젝트 • 예정된 마감 직전의 마지막 준비	제2사분면(집중) • 계획 및 준비 • 예방 • 가치관 정립하기 • 운동 • 인간관계 구축 • 진정한 휴식, 이완
중요하지 않음	제3사분면(회피) • 쓸데없는 간섭, 중요하지 않은 전화 • 일상적인 메일, 보고서 • 의례적인 회의 • 밀려드는 일들 • 인기 있는 여러 활동	제4사분면(회피) • 사소한 일, 그냥 바쁜 일 • 광고 메일 • 하찮은 문자 메세지, 이메일 • 시간 낭비하는 일 • 회피하는 활동 • 생각 없는 TV 시청

자신에게 질문하기

내가 대부분의 시간을 보내는 사분면은 어디인가?

_____

_____

그 결과는 어떠한가?

_____

_____

_____

_____

_____

하루를 시작할 때마다 각 사분면에 소요하는 시간을 추정해보자. 하루가 끝날 때마다 각 사분면에서 실제로 보낸 시간을 기록한다.

	제1사분면		제2사분면		제3사분면		제4사분면	
	추정	실제	추정	실제	추정	실제	추정	실제
월요일								
화요일								
수요일								
목요일								
금요일								
토요일								
일요일								

주말에 숫자를 확인해보라. 각 사분면에서 보낸 시간에 스스로 만족하는가? 무엇을 개선해야 하는가?

_____

_____

_____

_____

주간
목표

목표	실천 계획

목표 달성을 위해 실천해야 할 3가지

① _____

② _____

③ _____

이번 주의 다짐

_____

_____

목표에 집중했던 요일

○월 ○화 ○수 ○목 ○금 ○토 ○일

이번 주의 보상

_____

19주
긴급하고 중요한 일

The 7 Habits of Highly Effective People Guided Journal

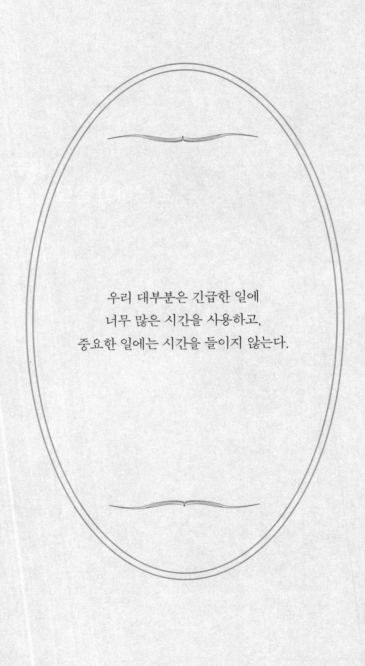

우리 대부분은 긴급한 일에
너무 많은 시간을 사용하고,
중요한 일에는 시간을 들이지 않는다.

한눈에 살펴보기

제1사분면에 속한 것들은 긴급하면서도 중요하여 즉각적인 주의가 필요한 사안들이다. 우리는 모두 어느 정도의 제1사분면 활동을 경험하지만, 어떤 사람들은 제1사분면 활동에만 인생을 소비한다.

	긴급함	긴급하지 않음
중요함	제1사분면(관리) • 위기 • 의료적 응급 상황 • 급박한 문제 • 기간이 정해진 프로젝트 • 예정된 마감 직전의 마지막 준비	제2사분면(집중) • 계획 및 준비 • 예방 • 가치관 정립하기 • 운동 • 인간관계 구축 • 진정한 휴식, 이완
중요하지 않음	제3사분면(회피) • 쓸데없는 간섭, 중요하지 않은 전화 • 일상적인 메일, 보고서 • 의례적인 회의 • 밀려드는 일들 • 인기 있는 여러 활동	제4사분면(회피) • 사소한 일, 그냥 바쁜 일 • 광고 메일 • 하찮은 문자 메세지, 이메일 • 시간 낭비하는 일 • 회피하는 활동 • 생각 없는 TV 시청

자신에게 질문하기

준비만 잘했다면 얼마나 많은 위기 상황을 예방할 수 있었을까?

_____

_____

_____

_____

_____

제1사분면 활동 중 최근 가장 긴급했던 일 하나를 골라보자.

_____

_____

_____

앞으로 그 일이 다시 발생하지 않게 예방하는 방법을 브레인스토밍하라.

주간
목표

목표	실천 계획

목표 달성을 위해 실천해야 할 3가지

① _____

② _____

③ _____

이번 주의 다짐

_____

_____

목표에 집중했던 요일

○월   ○화   ○수   ○목   ○금   ○토   ○일

이번 주의 보상

_____

20주
급하지 않지만 더 중요한 일

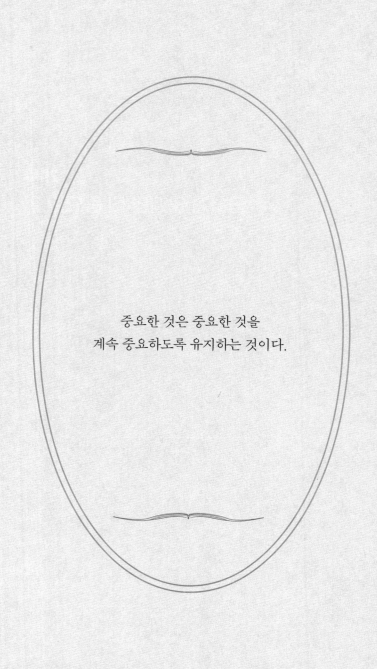

중요한 것은 중요한 것을
계속 중요하도록 유지하는 것이다.

한눈에 살펴보기

	긴급함	긴급하지 않음
중요함	제1사분면(관리) • 위기 • 의료적 응급 상황 • 급박한 문제 • 기간이 정해진 프로젝트 • 예정된 마감 직전의 마지막 준비	제2사분면(집중) • 계획 및 준비 • 예방 • 가치관 정립하기 • 운동 • 인간관계 구축 • 진정한 휴식, 이완
중요하지 않음	제3사분면(회피) • 쓸데없는 간섭, 중요하지 않은 전화 • 일상적인 메일, 보고서 • 의례적인 회의 • 밀려드는 일들 • 인기 있는 여러 활동	제4사분면(회피) • 사소한 일, 그냥 바쁜 일 • 광고 메일 • 하찮은 문자 메세지, 이메일 • 시간 낭비하는 일 • 회피하는 활동 • 생각 없는 TV 시청

우리가 매우 효과적일 때, 우리는 대부분 시간을 **제2사분면**에서 다음과 같은 일을 하며 보낸다.

- 주도적인 업무
- 중요한 목표
- 창의적 사고
- 계획 및 준비

- 관계 구축
- 쇄신 및 휴식

자신에게 질문하기

지금 내가 반드시 해야 할 제2사분면 활동은 무엇인가?

_____

_____

_____

_____

_____

삶에 중대한 영향을 미칠 수 있는 제2사분면 활동을 선택하고, 이번 주에 계획을 세우면서 그 일을 할 시간을 따로 배분하라.

나의 이번 주

월요일	화요일	수요일	목요일

금요일	토요일	일요일	NOTES

주간
목표

목표	실천 계획

목표 달성을 위해 실천해야 할 3가지

① _____

② _____

③ _____

이번 주의 다짐

_____

_____

목표에 집중했던 요일

○월 ○화 ○수 ○목 ○금 ○토 ○일

이번 주의 보상

_____

21주
주간 계획 세우기

The 7 Habits of Highly Effective People Guided Journal

누가 내게 삶의 균형을 유지하고
생산성을 높일 수 있는 행동을
딱 하나만 꼽아보라고 한다면 이렇게 말하겠다.

"새로운 한 주가 시작될 때마다
주간 계획을 세워라."

한눈에 살펴보기

효과적인 사람들은 매주가 시작되기 전에 혼자만의 시간을 내어 주간 계획을 세운다. 목표, 역할 및 제2사분면 활동들이 '큰 돌'이 된다. 이것들을 먼저 계획에 반영하고, 덜 중요한 '작은 돌'들을 주변에 배치하라.

코비 박사는 큰 돌과 작은 돌의 비유로 우선순위의 중요성을 명확하게 보여주었다. 통에 돌을 채우려 할 때 작은 돌에서 큰 돌 순으로 넣으면 많이 넣을 수 없지만, 큰 돌을 넣은 뒤 작은 돌을 부으면 작은 돌이 자연스럽게 틈새를 채우며 결과적으로 더 많은 돌을 통에 넣을 수 있다.

자신에게 질문하기

이번 주에 내가 맡은 각 역할에서 수행할 수 있는 가장 중요한 일은 무엇인가?

_____

_____

_____

20~30분 동안 계획 수립에 집중할 수 있는 조용한 장소를 찾아라. 계획을 사명, 역할 및 목표에 연결하여 생각하라. 각 역할에서 한두 개의 큰 돌을 선택하고 일정을 정하라. 큰 돌 주위에 업무, 약속, 활동 등 나머지 일들을 배치하라.

나의 이번 주

월요일	화요일	수요일	목요일

금요일	토요일	일요일	NOTES

생산적인 한 주를 준비하기 위해 일요일에 해야 할 7가지

1. 지난주를 돌아본 후, 개선이 필요한 사항을 정하고 이번 주의 목표를 설정한다.

2. 마음을 비우고 이번 주에 해야 할 일의 목록을 새롭게 작성한다. 그런 다음 주간 목표를 염두에 두고, 시간관리 매트릭스를 사용하여 모든 일을 분류한다. 프랭클린 플래너에 기록하고 너무 큰 일들은 좀 더 작게 나누어서 계획한다.

3. 시간 낭비를 피하기 위해 SNS 사용 계획을 세운다.

4. 운동도 계획한다.

5. 은행 계좌를 확인하고, 식사 계획도 세운다. 이번 주에는 어디에서 무엇을 먹을 것인가? 일정표에 준비 시간도 포함한다.

6. 공간을 청소하고 정리한다. 모든 기본적 집안일도 계획한다(예: 세탁물을 정리하고 서랍과 옷장 등을 정돈한다). 출근 시 입을 옷도 미리 정해둔다.

7. 종일 잠만 자지 않고 개인적인 충전의 시간을 갖는다. 긍정에 초점을 맞추고, 휴식을 취하며, 적절한 시간에 잠자리에 든다.

주간
목표

목표	실천 계획

목표 달성을 위해 실천해야 할 3가지

① _____

② _____

③ _____

이번 주의 다짐

_____

_____

Weekly Review

목표에 집중했던 요일

○월 ○화 ○수 ○목 ○금 ○토 ○일

이번 주의 보상

_____

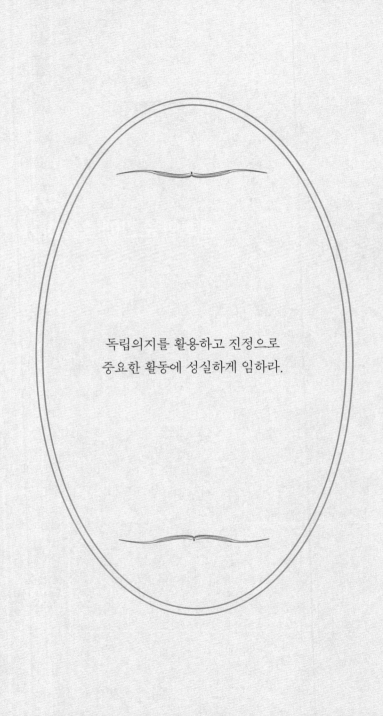

독립의지를 활용하고 진정으로
중요한 활동에 성실하게 임하라.

한눈에 살펴보기

이번 주의 일정표를 채워넣어라.

나의 이번 주

월요일	화요일	수요일	목요일

금요일	토요일	일요일	NOTES

우리가 제2사분면의 우선순위와 순간적인 압박 사이에서 선택의 순간을 맞을 때 우리의 성품이 드러난다. 선택을 사명, 역할 및 목표와 일치시킬 때 우리는 효과적인 사람이 된다.

자신에게 질문하기

나의 '큰 돌' 관리를 방해하는 것은 무엇인가?

_____

_____

_____

_____

압력에 굴복하고 나의 진정한 우선순위를 소홀히 할 때 어떤 느낌이 드는가?

_____

_____

_____

_____

사명, 역할, 목표에 충실한 선택을 내리기 어려웠던 상황을 생각해본다.

_____

_____

_____

_____

제2사분면에 있는 우선순위 높은 일을 달성하기 위해 사용할 수 있는 방법을 알아보자.

(예) 제2사분면에서 더 많은 시간을 보내기 위해서는 중요하지 않은 일에 (좋은 말로) "아니요"라고 말하거나, 가능하면 다른 사람에게 위임한다. 예를 들어, (음악을 듣지 않을 때에도) 직장에서 이어폰을 착용하면 사람들이 사소한 용건으로 나를 방해하는 일이 줄어든다. 내가 사용할 다른 방법은 다음과 같다.

_____

_____

_____

_____

제2사분면에서 점점 더 많은 시간을 보낼수록 더 잘 준비하고, 주도적이며, 제대로 휴식을 취할 수 있어서 제1사분면의 일이 자연스럽게 줄어들 것이다.

긴급하지는 않으나 중요한 일들

제2사분면은 당신이 대부분 시간을 보내야 하는 곳이다. 제2사분면은 무엇보다도 계획 및 예방, 새로운 기회, 능력의 개선 및 관계 구축과 관련이 있다. 제2사분면의 일은 '큰 그림'을 지향하며 장기적인 목표, 꿈, 효과성에 필수적이다. 이러한 중요한 것들에 시간을 할애하면 명확한 비전과 함께 위기 상황이 줄어들고 균형 잡힌 삶으로 이어질 것이다.

	긴급함	긴급하지 않음
중요함	제1사분면(관리) • 위기 • 의료적 응급 상황 • 급박한 문제 • 기간이 정해진 프로젝트 • 예정된 마감 직전의 마지막 준비	제2사분면(집중) • 계획 및 준비 • 예방 • 가치관 정립하기 • 운동 • 인간관계 구축 • 진정한 휴식, 이완
중요하지 않음	제3사분면(회피) • 쓸데없는 간섭, 중요하지 않은 전화 • 일상적인 메일, 보고서 • 의례적인 회의 • 밀려드는 일들 • 인기 있는 여러 활동	제4사분면(회피) • 사소한 일, 그냥 바쁜 일 • 광고 메일 • 하찮은 문자 메세지, 이메일 • 시간 낭비하는 일 • 회피하는 활동 • 생각 없는 TV 시청

제2사분면 활동의 예

- 배우자 또는 연인과 시간을 보내기
- 자녀에게 책 읽어주기
- 친구 및 가족과 유대감을 형성하고 관계를 강화하기
- 독서, 학습, 대학 혹은 다양한 교육에 참여하기
- 건강한 식사를 하고, 미래의 질병을 예방하기 위해 운동 요법을 고민하고, 매년 건강검진을 받고, 치아를 돌보기
- 가정이나 자동차의 유지 보수를 위한 예약
- 영감을 주고 자신을 고양시키는 자기 쇄신 활동
- 책을 쓰거나 의미 있는 예술 작품을 창작하기
- 퇴직 연금에 투자하기
- 경영 능력을 향상하고 화술 훈련하기
- (최종적으로 이직을 희망하는 직업을 위한) 부업하기

주간
목표

목표	실천 계획

목표 달성을 위해 실천해야 할 3가지

① _____

② _____

③ _____

이번 주의 다짐

_____

_____

목표에 집중했던 요일

○월 ○화 ○수 ○목 ○금 ○토 ○일

이번 주의 보상

_____

우리는 자신의 삶에서
가장 소중하고 우선순위가 높은 것이
무엇인가를 결정한 다음
다른 일들에 대해서는 좋은 말로,
미안해하지 않으면서 '못 한다'고
말할 용기도 가져야 한다.
그런 용기는
'우선순위가 높은 것부터 하겠다'는
내면의 강한 결심에서 나온다.

한눈에 살펴보기

제3사분면과 제4사분면은 **시간 도둑**이다. 거기에 속한 일들은 아무런 보상 없이 당신의 시간을 훔친다.

시간 도둑 목록

예정에 없던 SNS · 주의를 빼앗는 게임 혹은 인터넷 · 셀카 · 넘치는 이메일 및 끝없는 채팅 · 과도한 운동 · TV, 영화 및 스트리밍 · 건강을 해치는 습관 · 출퇴근 · 쇼핑 · 강박 · 멀티태스킹 · 완벽주의 · 불필요한 긴급 회의, 즉석에서 이뤄지는 '현황 파악 회의' · 시끄러운 사무실 공간과 수다스러운 동료 · 항상 "예"라고 말하기 · 어려운 일을 뒤로 미루기 · 혼란스럽고 무질서한 직장 · 일 질질 끌기 · 동기 부족 · 결정 장애 · 모든 것을 다 하려고 하는 욕심 · 시간 분배 실패 · 자신의 시간을 소중히 여기지 않는 태도 · 두려움 · 우유부단함 · 시스템 또는 행동 계획의 부재 · 조직의 부재 · 비효율적인 도구 사용 · 비효율적인 업무 수행 · 작업을 위임하지 않음 · 다른 사람과의 비교 · 다른 사람들을 기쁘게 하려고 전전긍긍하기 · 반복되는 실수 · 휴식을 등한시하는 일 · 비효율적인 학습 · 과거에 대한 집착 · 목표 없는 삶 · 계획의 부족 · 위기 관리의 부재 · 루틴을 따르지 않기 · 험담 · 예정에 없던 휴식 · 모호성 · 인프라 및 프로세스 변경 · 책임 회피 · 부정적인 생각

자신에게 질문하기

시간 도둑에게 얼마나 많은 시간을 뺏기고 있는가?

_____

_____

_____

_____

시간 도둑 잡기

1. 당신의 시간 도둑과 주의를 분산시키는 활동을 적어보자.

_____

_____

_____

_____

_____

2. 주범에 표시하라.

3. 오늘 그것을 제거하거나 그 영향력을 줄일 수 있는 일을 하라.

목표에 집중하기 위한 3가지 방법

• 밤에 다음 날 계획 미리 세우기

• 가장 어려운 작업부터 완료하기

• 끊임없이 최종 목표 떠올려보기

이번 주에 내가 잘한 일은 무엇인가?

나는 페이스북 일정을 만들었다.

내가 직면한 어려움은 무엇인가?

_____

_____

_____

_____

나는 다음 주에 이렇게 개선하겠다.

_____

_____

_____

_____

_____

_____

_____

_____

_____

_____

주간
목표

목표	실천 계획

목표 달성을 위해 실천해야 할 3가지

① _____

② _____

③ _____

이번 주의 다짐

_____

_____

Weekly Review

목표에 집중했던 요일

○월 ○화 ○수 ○목 ○금 ○토 ○일

이번 주의 보상

_____

개인의 승리에서
대인관계의 승리로

The 7 Habits of Highly Effective People Guided Journal

자신에게 작은 약속을 하고
그것을 꼭 지키자.
그런 다음 점차 더 큰 것을 약속한다.
결국, 당신의 신용과 명예에 대한
감각이 당신의 감정이나 기분보다
더 중요해질 것이다.

한눈에 살펴보기

이번 주의 계획을 적어보자.

나의 이번 주

월요일	화요일	수요일	목요일

금요일	토요일	일요일	NOTES

대부분 목표는 도전적이다. 그렇지 않았으면 우리는 이미 그 목표를 달성했을 것이다! 진정으로 달성하고 싶은 목표가 있는데도 계속 미루고 실행하지 못하면, 우리는 자신에게 실망하고 만다.

자신에게 질문하기

나는 자신에게 한 약속을 지킬 것이라고 스스로 믿는가?

그 이유는 무엇인가?

_____

_____

_____

_____

개인적인 약속을 지키는 7가지 방법

1. 주인의식을 가져라. 각각의 약속을 '해도 그만, 안 해도 그만' 식으로 대하지 마라. 주인의식을 갖기 위한 좋은 팁이 있다면? 약속들을 적어서 주간 계획에 반영하고 실천하는 것이다. 시각화하면 행동으로 이어진다.

2. 그날 수행해야 하는 일을 차트로 표시한다. 더 중요한 것은 결승선을 정의하는 것이다. 그 일이 어떤 모습으로 마무리될까?

3. 구체적이고 현실적으로 생각하라. 무엇을 정말로 약속할 수 있는가? 자신에게 과도한 약속을 하지 않는다.

4. 목표를 단계별로 세분한다. 아무리 작은 일이더라도 일단 한다.

5. 프랭클린 플래너를 쓰면서 진행 상황을 모니터링한다. 지금 이 순간 이미 하고 있는 일이다.

6. 도와줄 사람이나 자료를 찾는다. 자신에게 부정적인 말을 하지 않고, 친절하게 대한다.

7. 아무리 작은 승리라도 축하한다!

진전 없는 중요한 목표를 여기에 적어보라.

_____

_____

_____

_____

_____

지금, 자신에게 약속하라.

_____ 년 ___월 ___일, 나는 나 자신과 약속을 한다. 내 목표는

_____하는 것이다. 나는 이 목표에 집중할 것이다. 매

일 목표 달성을 향하여 크건 작건 한 걸음씩 나아갈 것이다. 내 목표가

달성하기 어려워 보여도 나는 인내하며 절대 포기하지 않을 것이다.

이제 나만의 약속을 작성한다.

_____

_____

_____

_____

_____

그 목표를 달성하기 위해 취할 수 있는 가장 작은 행동을 생각해보라.

_____

_____

_____

_____

_____

_____

_____

_____

주간
목표

목표	실천 계획

목표 달성을 위해 실천해야 할 3가지

① _____

② _____

③ _____

이번 주의 다짐

_____

_____

목표에 집중했던 요일

○월 ○화 ○수 ○목 ○금 ○토 ○일

이번 주의 보상

_____

25주
감정은행계좌 만들기

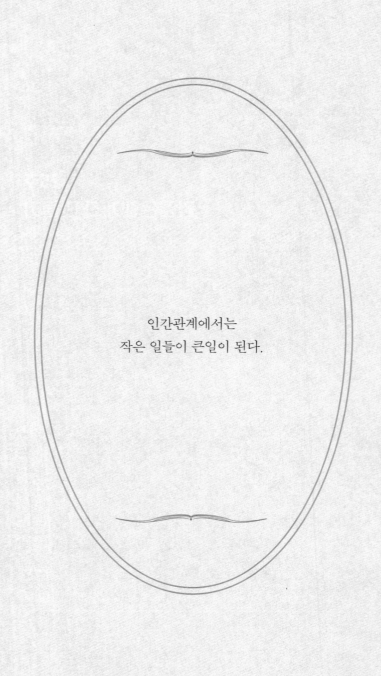

인간관계에서는
작은 일들이 큰일이 된다.

한눈에 살펴보기

감정은행계좌는 관계에 존재하는 신뢰의 양을 설명하는 은유적 표현이다. 예입은 신뢰를 쌓거나 회복시킨다. 인출은 신뢰를 무너뜨린다.

인출	예입

• 약속을 어긴다
• 불친절하고 무례하다
• 기대를 저버린다
• 자리에 없는 사람의 신뢰를 저버린다
   (예: 뒷담화, 루머)
• 자랑하고 자만하며 거만하다
• 방어적으로 행동한다
• 비난한다
	• 약속을 지킨다
	• 친절하고 예의 바르다
	• 기대를 확고히 한다
	• 자리에 없는 사람에게 신의를 지킨다
	   (예: 숨기는 것이 없음)
	• 인정하고 겸손하다
	• 진정한 사과를 한다
	• 피드백을 잘 받아들인다

자신에게 질문하기

나는 내 인생에서 중요한 사람들의 어떤 행동이 인출이고, 예입인지 알고 있는가?

훼손되었거나 무관심했던 중요한 관계 3가지를 생각해본다. 당신이 실행할 수 있는 3가지 예입을 적는다. 각 관계에서 어떤 행위가 예입인지 확실하게 이해해야 한다. 피해야 할 3가지 인출도 적어본다.

주요 관계	예입	인출

다양한 사람들과 관계를 맺을 때마다, 정기적으로 이곳으로 돌아
와서 점검하라.

감정은행계좌의 잔고가 바닥나고 있거나, 부정적인 방향으로 나아가
는 것 같은 중요한 관계를 하나 선택하라.
선택한 사람의 이름: _____

앞으로 2주 동안 의식적으로 그 계좌에 예입한다. 관계가 어떻게 바뀌
겠는가?

_____

_____

_____

_____

_____

잔고가 줄어든 최초의 원인은 무엇인가?

_____

_____

_____

_____

_____

앞으로 더 많은 잔고를 유지하고, 결과적으로 더 강한 유대관계를 유지하기 위해서 어떤 조치를 할 수 있는가?

_____

_____

_____

_____

_____

주간
목표

목표	실천 계획

목표 달성을 위해 실천해야 할 3가지

① _____

② _____

③ _____

이번 주의 다짐

_____

_____

목표에 집중했던 요일

○월 ○화 ○수 ○목 ○금 ○토 ○일

이번 주의 보상

_____

26주
사과하기

The 7 Habits of Highly Effective People Guided Journal

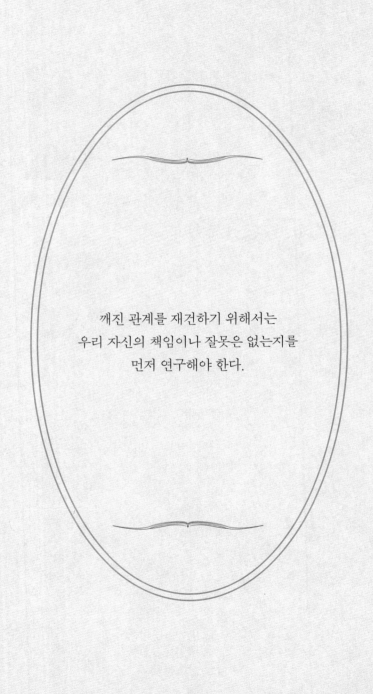

깨진 관계를 재건하기 위해서는
우리 자신의 책임이나 잘못은 없는지를
먼저 연구해야 한다.

한눈에 살펴보기

실수했거나 누군가를 마음 상하게 했을 때 미안하다고 말하면 인출된 감정은행계좌를 신속하게 복구할 수 있다. 용기가 필요하지만 가능한 일이다.

사과하는 방법

1. 적절한 순간을 선택하라.
2. 용서를 구하라. 많은 사람들이 "미안합니다"라고 말하는 것을 잊어버리고 단지 "이해합니다"라거나 "다시는 그러지 않겠습니다"라고 말하는 것만으로 넘어가려고 한다. 진실한 사과는 직접적이고 진심이 느껴져야 한다. "미안합니다, 제가 좀 더 생각이 깊었어야 했는데…", "미안합니다, 당신의 감정도 생각했어야 했는데…", "미안합니다, 다시 되돌릴 수만 있었으면 좋겠는데…" 와 같은 후회의 표현을 포함해도 좋다. 당신의 행동에 대한 후회를 표하라. 사과는 이기고 지는 문제가 아니다. 다른 사람을 조정하려는 이유에서가 아니라, 올바른 이유로 사과하라.
3. 자신의 행동이 원인이 되어 발생한 상처를 인정함으로써, 자신의 실수를 받아들이고 사과의 내용을 분명하게 말하라. "상처를 주어서 미안합니다"라고 말하라. "만약 상처를 주었다면 미안합니다"라고 말하지 않는다. '만약'이라고 가정하면 상처받

은 감정이 상대방 임의의 반응이고, 당신은 그 상처에 대한 책임을 지지 않는다는 의미다.

절대로 "미안합니다… 하지만"이라고 말하지 않는다. "하지만"이란 없다. "하지만"을 사용하면 상처를 준 행동이 별 것 아니었다는 말이 되며, 그 행동이 상대방에게 미치는 영향이 중요하지 않다는 메시지를 주게 된다.

축소하지 않는다. 당신의 행동을 정당화하려고 하지 않는다. (예: "미안합니다, 하지만 그때 하필 기분이 별로였거든요.") 당신의 행동에 대한 설명은 좋은 의도였더라도 변명으로 인식될 수 있다.

당신의 사과에 수동적이고 공격적인 문장이 없도록 조심하라. 상대방을 비난하지 않는다. (예: "미안합니다. 그런데 당신이 저를 너무 화나게 했잖아요.") 사과는 그 자체로 끝나야 한다. 상황에 대한 책임을 인정하고 당신이 잘못한 사람과 공감하라. 이렇게 하면 상처를 입은 사람이 존엄성을 회복할 수 있다.

4. 다른 사람과 자신 모두에게 공정하게 사과하라. 모든 것이 당신의 잘못이 아니라면, 모든 비난을 받아들이지는 마라. 인간관계에서 허용되는 것과 허용되지 않는 것에 대해 논의함으로써 경계를 재확인하고, 자신의 행동을 변화시키겠다는 욕구를 표현한다.

다시는 이런 일이 없을 것이라고 약속하지만, 공허한 약속은 하지 않는다. 그 대신 계획을 세운다. 무엇이 도움이 될지 잘 모르는 경우, 상대방의 감정을 진정시키기 위해 무엇을 할 수 있는지 물어보라. 그런 다음 수습하고 보상한다. 상황을 바로잡을 수 있도록 조치를 취한다.

5. 즉각적인 용서를 기대하지 않는다. 그들에게 시간을 주어야 한다. 자주 그들을 확인하라. 그들의 반응을 통제할 수 없다는 것을 깨닫고, 당신이 할 수 있는 모든 일을 다 한 다음 (지금은) 기다려라.

자신에게 질문하기

내가 사과해야 할 사람은 누구인가?

_____

_____

잘못한 사람에게 사과한다. 잘못을 회복하기 위해 할 수 있는 일에는 무엇이 있을까?

_____

_____

_____

_____

주간
목표

목표	실천 계획

목표 달성을 위해 실천해야 할 3가지

① _____

② _____

③ _____

이번 주의 다짐

_____

_____

Weekly Review

목표에 집중했던 요일

○월 ○화 ○수 ○목 ○금 ○토 ○일

이번 주의 보상

_____

27주
용서하기

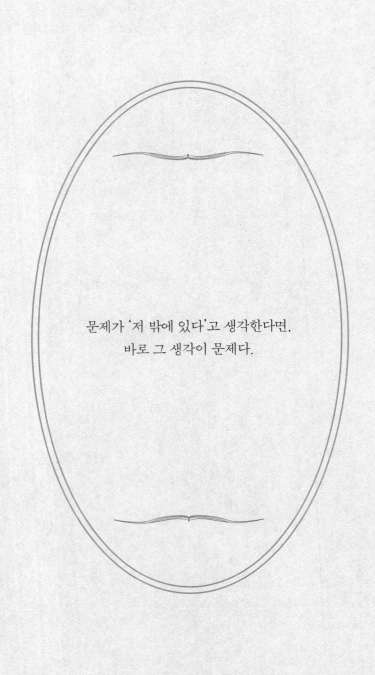

문제가 '저 밖에 있다'고 생각한다면,
바로 그 생각이 문제다.

한눈에 살펴보기

우리는 모두 언젠가 누군가의 생각 없는 말이나 행동에 상처를 입는다. 당신이 잘못했을 때 사과하는 것도 중요하지만, 다른 사람을 용서하는 법을 배우는 것도 중요하다.

자신에게 질문하기

나는 다른 사람의 말이나 행동 때문에 무거운 짐을 짊어지고 살고 있지는 않은가?

_____

_____

_____

_____

기억해야 할 것들

1. 용서가 잊어버린다는 뜻은 아니다. 화해나 정당화를 의미하지도 않는다. 발생한 모든 일이 '괜찮다'는 뜻도 아니다. 용서는 당신이 과거를 되돌릴 수 없다는 것을 인정하고, 그곳에서부터 앞으로 나아가기를 선택했다는 뜻이다.

2. 용서는 결정이다. 당신은 평화로워지지 않을 수도 있지만(그것은 정상이다!), 다른 사람에 대한 연민을 보여주기 위해 의식적인 선택을 한 것이다. 용서는 약속이며, 당신만이 언제 용서하는 것이 옳을지 선택할 권리가 있다.

3. 용서는 단 한 번의 결정이 아니라 태도다. 무슨 일이 일어났는지 하나하나 다룰 때, 당신은 거듭 용서해야 할지도 모른다.

4. 용서는 당신에게 벌어진 잘못에 대해서만 가능하다. 신뢰할 수 있는 사람과 이야기하라. 다른 관점은 사건 또는 상황(들)을 새롭게 비추어 보는 데 도움이 될 수 있다. 당신의 생각과 감정을 적어보라. 종이에 적으면 훨씬 더 명확해진다. 당신의 경험이 지나치게 힘들거나 복잡한 경우에는 상담사나 치료사에게 이야기하라.

5. 용서는 자신에게 주는 선물이다. 자신에게 "이 고통을 이제 내려 놓기로 선택한다"라고 말하면, 당신은 용서의 힘을 이해하고 온전한 삶을 살 수 있게 될 것이다.

"그냥 내버려두라. 그러면 모든 것은 완전해진다. 내버려둔 사람들이 승리한다. 하지만 당신이 시도하고 또 시도한다면 세상에 승리할 수 없다."
_노자

"조금 내려놓으면 조금의 평화를 갖게 됩니다. 많이 내려놓으면 많은 평화를 갖게 됩니다. 완전히 내려놓으면 완전한 평화와 자유를 알게 됩니다."
_아잔 차, 태국 불교 승려

"갑자기 그에게 질문이 떠올랐다. '내 인생 전부가 잘못된 것이 아닌가?'"
_'이반 일리치의 죽음(바보 이반)'에서 발췌, 레오 톨스토이

대부분 사람은 자신이 아는 것, 있는 곳, 그리고 가진 것에 최선을 다한다. 만약 당신이 상처를 입었고 그것 때문에 여전히 힘이 든다면, 당신에게 잘못을 한 사람도 당신과 마찬가지로 약점을 가지고 있다는 사실을 알아야 한다. 그 사람을 용서하라.

다음 페이지에 당신을 괴롭게 했거나 당신에게 잘못을 저지른 사람에게 용서의 편지를 적는다. 편지를 보낼 필요는 없다. 하지만 감정을 기록하는 것 자체만으로도 그 감정이 당신의 몸과 마음을 벗어나 살 수 있다. 당신의 감정을 확인하고 그들에게 생명을 불어넣어라.

용서의 편지

주간 목표

목표	실천 계획

목표 달성을 위해 실천해야 할 3가지

① _____

② _____

③ _____

이번 주의 다짐

_____

_____

Weekly Review

목표에 집중했던 요일

○월 ○화 ○수 ○목 ○금 ○토 ○일

이번 주의 보상

_____

승-승을
생각하라

'나도 이기고, 상대방도 이기는'
승-승의 패러다임은 모든 대인관계에서
서로의 이익을 추구하는 사고방식이다.
이 같은 사고는 인생을 경쟁이 아닌
협력의 장으로 보는 데서 나온다.

한눈에 살펴보기

다른 사람들의 승을 우리 자신의 것과 동등하게 소중히 여길 때 우리는 효과적인 사람이 된다. 우리는 시간을 들여 우리의 승과 상대방의 승을 모두 확인한다.

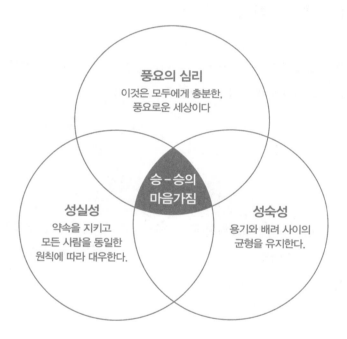

승-승은 삶에 대한 태도이며, "나도 이길 수 있고, 너도 이길 수 있다"는 사고방식이다. 나 혹은 너에 관한 것이 아니라 우리 모두에 관한 것이다. 승-승은 모든 사람이 평등하다는 믿음으로부터 시작된다. 어느 누구도 열등하거나 다른 사람보다 우수하지 않으며 아무도 승자가 될 필요는 없다. 인생은 비즈니스나 스포츠 또는 학교와는 다르게 경쟁만이 전부가 아니다.

자신에게 질문하기

어떤 인간관계에서 승–승을 생각할 가능성이 적은가? 상대방의 승리를 고려했을 때 나에게 어떤 이득이 있는가?

_____

_____

_____

인생에서 다른 사람과의 비교 때문에 가장 어려움을 겪는 두 영역을 정확하게 찾아보자.

🔵예 옷, 외모, 친구, 재산, 직위, 급여, 재능 등

_____

_____

_____

_____

왜 자신과 다른 사람을 비교하고자 하는 충동을 느끼는지 그 이유를 설명하고, 그러한 충동을 줄이기 위해 할 수 있는 일을 써본다.

_____

_____

_____

승-승을 생각하라
(예: TV 채널 결정하기)

승-패	패-패
내게 리모컨이 있고 너에게는 아무것도 없다. 우리가 모두 충분히 가질 만큼 리모컨이 넉넉하지 않다.	우리는 말다툼을 벌인다. 나는 리모컨을 던져버린다. 만약 내가 질 것 같으면, 너도 나와 함께 져야 한다.
패-승	**승-승**
너에게 리모컨이 있고 나에게는 아무것도 없다. 만약 네가 이기면 나는 패배자가 된다.	너와 나는 합의하여 TV를 끄고, 대신 카드놀이를 하기로 한다. 이것은 너와 나의 문제가 아니라 우리의 문제다.

삶에 대한 당신의 일반적인 태도는 승-패, 패-승, 패-패, 혹은 승-승 중 어디에 기반을 두고 있는가? 그 태도는 당신과 당신의 삶 및 행복에 어떤 영향을 미치는가?

_____

_____

_____

누군가와 패-승의 관계에 있는가? 만약 그렇다면, 그 관계를 승-승으로 전환하기 위해 무엇을 할 수 있는가? 승-승의 관계가 될 수 없다면, 그 관계를 계속 유지할 가치가 있는가?

_____

_____

_____

만약 당신이 지금 패-승의 관계에 있다면, 이것을 벗어나기 위해 어떤 선택을 할 수 있는가? 앞으로 패-승의 관계를 예방하기 위해 어떤 조치를 취할 수 있는가?

_____

_____

_____

"장기적으로 보면, 만약 우리 둘 다 이기지 못한다면 결국 우리 둘 다 패배한다. 그렇기 때문에 승-승은 상호 의존적인 현실의 유일한 대안이다."
_스티븐 코비

큰 용기와 많은 배려는 모두 승-승에 필수적이다. 이 둘의 균형은 실질적으로 성숙함의 표시다.

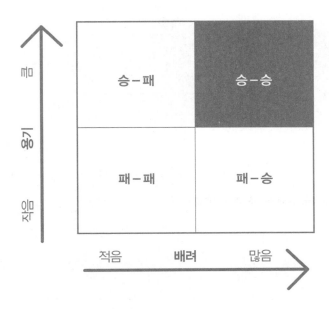

승 - 승 사고의 혜택을 누릴 수 있는 중요한 인간관계를 선택하라. 당신의 승과 상대방의 승을 모두 적어보라. 상대방이 승을 고려하고 있는지 알 수 없다면, 그렇게 해달라고 요청하라!

_____

_____

_____

_____

_____

주간
목표

목표	실천 계획

목표 달성을 위해 실천해야 할 3가지

① _____

② _____

③ _____

이번 주의 다짐

_____

_____

목표에 집중했던 요일

○월　○화　○수　○목　○금　○토　○일

이번 주의 보상

_____

29주
부족의 심리 벗어나기

대부분 사람은 '부족의 심리'에
깊이 물들어 있다. 그들은 이 세상에는
오직 한 개의 파이만 있어서
만일 누군가가 큰 조각을 얻으면
다른 사람들은 그만큼 덜 갖게 된다고
생각한다.

한눈에 살펴보기

부족의 심리는 더 큰 승을 위해 다른 사람들과 협력하는 대신 서로 비교하고 경쟁하며 다른 사람에게 위협을 느끼게 한다.

부족의 심리가 나타나는 신호로는 상황이 영구적일 것이라는 믿음이 있다("나는 아무것도 없이 가야 할 거야"). 부족하다는 생각과 말을 하거나("나는 돈이 충분하지 않아" "나는 이 일을 할 수 없어"), 다른 사람을 질투하고 타인의 성공을 기뻐하는 데 어려움을 겪는다("나는 그들이 그렇게 대단하다고 생각하지는 않아"). 관대하지 못하며 신용, 인정, 힘 및 이익을 공유하기가 어렵거나("내가 그랬듯이 그들도 알아서 자신의 길을 찾을 수 있을 거야"). 지나치게 탐닉한다. 부족의 심리로는 팀 플레이어가 되기 어렵다. 상대방과의 의견 차이를 상대방이 자신에게 충실하지 않은 것으로 인식하기 때문이다.

부족의 심리	풍요의 심리
"경쟁이 너무 심해."	"골고루 나누어도 충분해."
"돈이 충분하지 않네."	"내 기대는 충족되었어."
"경제 사정이 나빠."	"모든 기회는 도전과 함께 오지."
"그것은 안정적이지 않아(기업가 정신)."	"안정감은 나의 내면에 있지 외부의 상황에 있지 않아."

"나도 그들만큼의 돈을 벌어야 할 텐데."

"나는 성공으로 가는
나만의 길을 따라가고 있어."

"나 실패할 것 같아."

"이런 어려운 시기를 극복하기 위해,
내 사업을 도와줄 올바른 사람을 발견할 거야."

자신에게 물어보라

내가 최상의 성과를 달성하는 데 부족의 심리가 방해할 때는 언제인가?

_____

_____

_____

_____

부족의 심리가 발동하는 삶의 영역을 적어보자. 골고루 나누기에는 사랑이나 돈, 관심 또는 자원이 부족하다고 생각하는 영역이 있는가?

예 인간관계, 경력 등

_____

_____

_____

_____

이 부족의 심리가 어디에서 왔는지 생각해보라.

_____

_____

_____

_____

_____

_____

주간
목표

목표	실천 계획

목표 달성을 위해 실천해야 할 3가지

① _____

② _____

③ _____

이번 주의 다짐

_____

_____

목표에 집중했던 요일

○월 ○화 ○수 ○목 ○금 ○토 ○일

이번 주의 보상

_____

30주
풍요의 심리 기르기

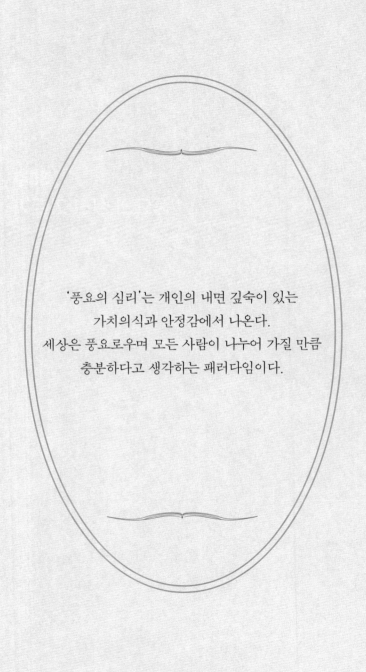

'풍요의 심리'는 개인의 내면 깊숙이 있는
가치의식과 안정감에서 나온다.
세상은 풍요로우며 모든 사람이 나누어 가질 만큼
충분하다고 생각하는 패러다임이다.

한눈에 살펴보기

우리가 **풍요의 심리**를 가진다면 우리 자신의 자존심이 충만하기 때문에 다른 사람의 성공에 위협받지 않는다.

풍요의 심리를 가진 사람	부족의 심리를 가진 사람
크게 생각한다 ("내가 성공하고, 너도 성공하면, 우리 모두가 성공한다")	작게 생각한다 ("내가 성공하려면 내가 확실하게 잘 보여야 한다")
풍부하다는 것을 안다 ("골고루 나누어도 충분하다")	모든 것이 부족하다고 본다 ("골고루 나누기에는 모자란다")
행복을 경험한다	분노를 경험한다
변화를 수용한다	변화를 두려워한다
주도적이다("저것 대신에 이것을 할 수 있다")	반사적이다("이것을 할 수 없다")
늘 학습한다	모든 것을 다 안다고 믿는다
되는 일에 집중한다	안 되는 일에 집중한다
협업과 공유에 개방적이다	정보나 자원, 시간을 마지못해 나누거나 제공한다
타인과 그들의 성취를 홍보한다	자신과 자신의 성취만 홍보한다
개방적이고 믿음직하다	독재적이고 세세하게 간섭한다

자신에게 질문하기

나는 진정으로 모든 사람이 필요한 것 이상으로 충분히 갖고 있다고
믿는가?

_____

_____

_____

_____

_____

자신과 다른 사람들의 강점을 축하하고, 비교를 멈추고, 자원을 공유함
으로써 더 풍요롭게 생각하기 위해서 무엇을 할 수 있는지 적어보라.

_____

_____

_____

_____

_____

풍요의 심리 체크리스트

☐ 자신의 생각을 인식하고 무슨 말을 하는지 스스로 살펴본다.

☐ 자신의 주변에 무한한 가능성이 있음을 인식한다. 항상 처음 보다 더 많은 것이 있으며, 아직 최고의 것은 오지 않았다고 믿는다. 성장에 초점을 맞추고 미래에 대해 낙관적으로 생각한다.

☐ 감사를 실천하고 관대해진다. "어떻게 하면 기대보다 더 많은 것을 줄 수 있을까? 어떻게 다른 사람들에게 봉사할 수 있을까?"라고 질문한다.

☐ 열정과 목적, 지식을 육성하고 공유한다. 자유롭게 다른 사람들을 돕고 그들의 에너지를 길러준다.

☐ 자신감과 열린 마음을 갖고, 유연하게 기꺼이 배우고자 한다.

☐ 크게 생각하고, 위험을 포용한다.

☐ 다른 사람을 축하하고 인정한다.

주간
목표
___

목표	실천 계획

목표 달성을 위해 실천해야 할 3가지

① _____

② _____

③ _____

이번 주의 다짐

_____

_____

목표에 집중했던 요일

○월　○화　○수　○목　○금　○토　○일

이번 주의 보상

_____

Weekly Review

31주
용기 내며 배려하기

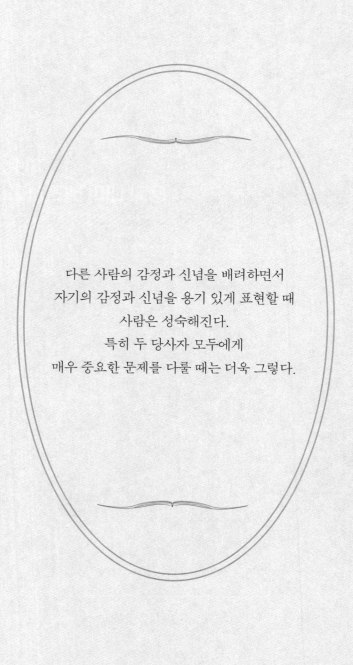

다른 사람의 감정과 신념을 배려하면서
자기의 감정과 신념을 용기 있게 표현할 때
사람은 성숙해진다.
특히 두 당사자 모두에게
매우 중요한 문제를 다룰 때는 더욱 그렇다.

한눈에 살펴보기

매우 효과적인 사람이 된다는 것은 용기 있는 사람이 된다는 의미다. 우리는 기꺼이 우리의 생각을 정중하게 말할 수 있다. 그것은 또한 배려하는 사람이 된다는 의미다. 우리는 다른 사람의 생각과 감정을 존중하는 마음으로 찾아내고 경청할 의지와 능력이 있다.

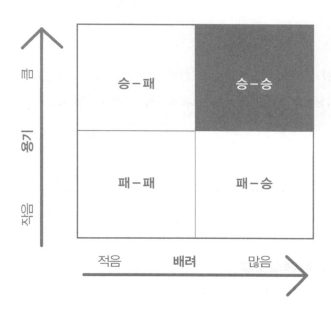

자신에게 질문하기

용기나 배려가 부족한 인간관계가 있는가? 나는 거기에 어떤 대가를
지불하고 있는가?

_____

_____

_____

_____

용기를 내어 해결하고 싶은 문제를 선택하고 그에 대한 당신의 관점을
적어본다. 자신감을 가지고 아이디어와 의견을 공유하라.

_____

_____

_____

_____

자신 있게 말하는 방법

- 말하고자 하는 것을 매우 명확하게 표현한다.
- 당신의 목소리가 중요한 이유를 정의한다. 기억하라. 당신이 협
  상 테이블에 있는 이유가 있다.
- 당신이 이해시키려는 포인트를 적어둔다.

- 먼저 대화를 시각화한다. 그 후 신뢰할 수 있는 사람과 "제 생각에는…", "제가 이러는 이유는…" 같은 말을 연습한다.
- 위험이 크지 않은 환경에서 말하기 기술을 연습해보라. 자신감과 신뢰성을 구축하는 데 도움이 된다.
- 잠시 멈추고, 심호흡을 하며 평온함을 유지한다.
- 감정이 아닌 사실에 초점을 맞추고, 자신의 신체와 언어에 주의를 기울여라.
- 다른 사람을 위한 옹호자가 되라.
- 적절한 기회를 기다린다.

더 많이 배려하는 상황을 선택한다. 방해하는 대신 상대방을 인정하라. 모든 사람에게 말할 수 있는 기회를 확실하게 주어라.

주간
목표

목표	실천 계획

목표 달성을 위해 실천해야 할 3가지

① _____

② _____

③ _____

이번 주의 다짐

_____

_____

Weekly Review

목표에 집중했던 요일

○월　○화　○수　○목　○금　○토　○일

이번 주의 보상

_____

32주

승-승 합의서 만들기

합의는 정신적으로 이것을 뒷받침해주는
내적 성품이나 인간관계가 없으면
아무 소용이 없다. 우리는 인간관계에
투자하고자 하는 진심에서
우러난 바람을 가지고
승-승의 해결책에 접근해야 한다.

한눈에 살펴보기

승–승 합의서에서, 사람들은 양 당사자에게 이익을 주기 위해 노력한다. 승–승 합의서는 공식적일 수도 있고 비공식적일 수 있으며 어떤 관계나 상황에서도 만들어낼 수 있다.

자신에게 질문하기

다른 사람들과 협상할 때 나의 의도는 무엇인가? 나는 승–승을 생각하기 위해 최선을 다하고 있는가?

_____

_____

_____

승–승 합의서의 5가지 요소

1. **원하는 결과**: 양 당사자가 원하는 것은 무엇인가? 핵심 가치에는 충실하되 작은 일에는 유연하게 대응한다.
2. **지침**: 어떤 규칙을 정할 것인가? 각각 합의된 부분을 수행했을 때 어떻게 알 수 있는가?
3. **자원**: 성공을 위해 두 사람이 모두 사용할 수 있는 자원이 있

는가? 문제가 발생하거나 지원이 필요할 때 무엇을 할 수 있는가?

4. **책임:** 성과는 언제, 누가 확인하는가?
5. **결과:** 확인 결과에 따라 (좋든 나쁘든) 어떤 일이 일어나는가?

승－승 합의서의 혜택을 누릴 수 있는 관계를 선택한다.

나의 관계: _____

그 사람에게 승이 되는 것을 생각해보거나, 물어본 다음 적어둔다.

_____

_____

_____

나 자신의 승도 적어본다.

_____

_____

_____

승－승 합의서를 작성한다.

나의 승-승 합의서

_____

_____

_____

_____

_____

_____

_____

_____

_____

_____

_____

_____

_____

_____

_____

주간
목표

목표	실천 계획

목표 달성을 위해 실천해야 할 3가지

① _____

② _____

③ _____

이번 주의 다짐

_____

_____

Weekly Review

목표에 집중했던 요일

○월 ○화 ○수 ○목 ○금 ○토 ○일

이번 주의 보상

_____

33주
아낌없이 칭찬하기

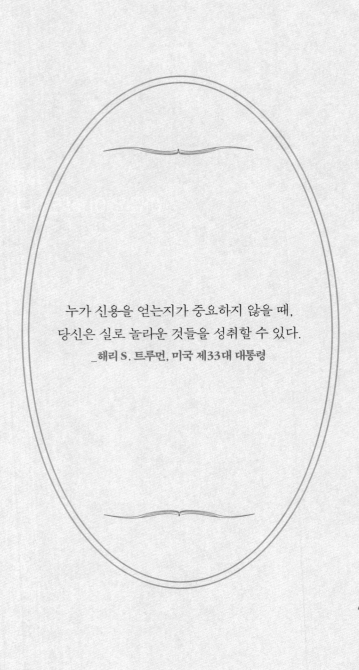

누가 신용을 얻는지가 중요하지 않을 때,
당신은 실로 놀라운 것들을 성취할 수 있다.
_해리 S. 트루먼, 미국 제33대 대통령

한눈에 살펴보기

많은 사람을 공적으로 또는 사적으로 인정해주면 큰 '승'이 된다. 믿음을 아낌없이 줄 때 우리는 신뢰를 구축하고 관계를 강화할 수 있다.

자신에게 질문하기

최근 내가 무언가를 성취하는 데 도움을 준 사람이 있는가?

_____

_____

_____

_____

나는 그들에게 감사를 표했는가?

_____

_____

_____

_____

그들이 한 일에 대해 칭찬을 받을 자격이 있거나, 당신의 성취를 도와준 사람을 찾아보라.

_____

_____

_____

_____

개인적으로 또는 공개적으로 그 사람의 기여를 인정해주어라.

_____

_____

_____

_____

감사 편지

감사 편지는 다른 사람들에게 감사를 전하고 고마움을 표현하는 강력한 방법이다. 당신에게 대단히 중요한, 당신에게 영감을 주었거나 더 나은 사람이 되도록 지금 영감을 주고 있는, 그러나 아직 감사를 표시할 시간이 없었거나 감사를 표하는 데 어려움이 있었던 사람에게 편지를 쓴다. 감사 편지의 대상은 교사, 멘토, 부모, 조부모, 친구, 동료일 수 있다. 당신을 도왔거나, 영감을 주었거나, 친절이나 관대함을 보여준 사람, 당신이 의지할 수 있는 사람이다.

요약하자면, 이 사람은 당신이 인생에서 진정으로 감사해야 하는 사람이다.

소설을 쓸 필요는 없다(언젠가 당신이 원한다면 모를까). 다만 그 사람이 당신을 위해 한 일과 그들이 어떻게 당신의 삶을 더 좋게 만들었는지에 구체적으로 설명해야 한다. 만약 그들이 롤모델이었다면 특별히 고마웠던 점을 언급하라. 만약 직접 쓴 편지가 더 친밀하다고 생각하면, 직접 손 편지를 써서 전달하라. 인쇄해도 무방하고, 우편으로 보내거나 이메일로 보낼 수도 있다. 어떤 방법으로 전달하든, 그들이 당신의 삶에 미친 영향에 당신이 감사한다는 사실을 알게 하는 것이 중요하다.

나의 감사 편지

주간
목표

목표	실천 계획

목표 달성을 위해 실천해야 할 3가지

① _____

② _____

③ _____

이번 주의 다짐

_____

_____

목표에 집중했던 요일

○월 ○화 ○수 ○목 ○금 ○토 ○일

이번 주의 보상

_____

먼저 이해하고
다음에 이해시켜라

34주
공감적 경청 연습하기

The 7 Habits of Highly Effective People Guided Journal

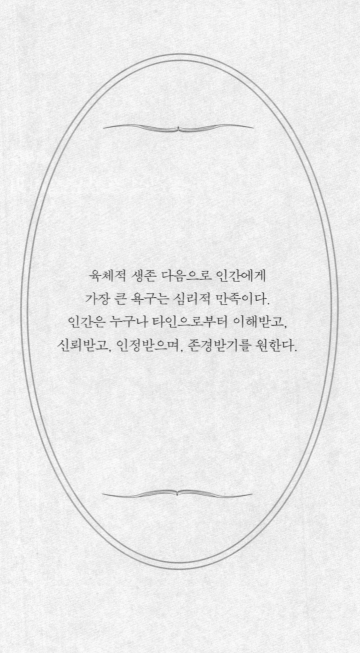

육체적 생존 다음으로 인간에게
가장 큰 욕구는 심리적 만족이다.
인간은 누구나 타인으로부터 이해받고,
신뢰받고, 인정받으며, 존경받기를 원한다.

한눈에 살펴보기

공감적 경청은 우리가 동의하든 동의하지 않든, 상대방에게 중요한 것의 핵심에 도달하는 것을 의미한다. 공감적으로 경청할 때, 우리는 이해하려는 의도로 귀를 기울인다. 우리는 상대방의 감정과 말을 반영하여 응답한다.

공감적 경청은 다른 사람의 생각 안에 들어가는 것이다. 당신은 그 생각을 통해 밖을 보고, 그들의 패러다임과 감정을 이해함으로써 그들의 방식으로 세상을 본다. 공감적 경청의 본질은 그 사람과 동의하는 것이 아니다. 그 사람을 감정적으로, 지적으로 깊이 이해하는 것이다. 당신은 다른 사람의 영혼과 깊은 의사소통을 하는 데 초점을 맞춘다.

공감적 경청은 그 자체로 감정은행계좌로의 엄청난 예입이다. 그것은 사람들에게 '심리적 산소'를 불어넣기 때문에 대단한 치료와 치유의 행위가 된다. 육체적 생존 다음으로 필수적인 심리적 산소에 대한 욕구는 삶의 모든 영역에서의 소통에 영향을 미친다. 그 중요한 욕구가 충족되고 난 다음에야 우리는 문제 해결이나 영향력을 미치는 데 집중할 수 있다.

자신에게 질문하기

내 주변 사람들은 내가 진정으로 그들을 이해한다고 느끼는가?

_____

_____

_____

_____

나는 그들에게 그렇게 느끼는지 물어보았는가?

_____

_____

_____

_____

이번 주, 이해를 위한 듣기를 연습하라. 다른 사람의 감정과 메시지의 내용을 반영하기를 시도하라. 갑자기 끼어들거나 충고를 하거나 판단하려고 할 때, 스스로를 돌아보라.

오늘은	_____와 공감적 경청을 실천할 것이다	잘 실천했는가?
월요일		
화요일		
수요일		
목요일		
금요일		
토요일		
일요일		

주간
목표

목표	실천 계획

목표 달성을 위해 실천해야 할 3가지

① _____

② _____

③ _____

이번 주의 다짐

_____

_____

목표에 집중했던 요일

○월 ○화 ○수 ○목 ○금 ○토 ○일

이번 주의 보상

_____

35주
마음 열기

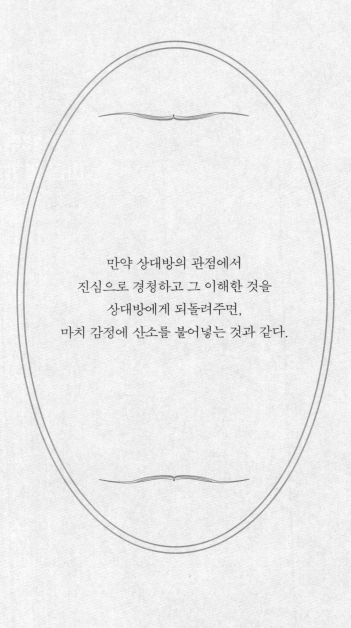

만약 상대방의 관점에서
진심으로 경청하고 그 이해한 것을
상대방에게 되돌려주면,
마치 감정에 산소를 불어넣는 것과 같다.

한눈에 살펴보기

감정이 격해지면 당신의 의도에 집중하라. 올바른 응답이 무엇인 지 걱정하지 마라. 공감적 경청은 평생에 걸쳐 연습해야 한다.

자신에게 질문하기

나는 내가 사랑하는 사람들의 말을 진정으로 듣고 있는가?

_____

_____

_____

이번 주, 다시 이해를 위한 듣기를 실천하라. 평소에 자주 무시하 거나, 단순히 "어떻게 진행되어가나요?"라고만 묻고 경청하지 않 았던 사람은 누구인가? 마음을 열고 공감적 경청을 실천하라. 그 효과에 깜짝 놀랄 것이다.

월요일 오늘, 나는 _____와 공감적 경청을 실천할 것이다.

결과: _____

_____

_____

화요일 오늘, 나는 _____와 공감적 경청을 실천할 것이다.

결과: _____

_____

_____

_____

수요일 오늘, 나는 _____와 공감적 경청을 실천할 것이다.

결과: _____

_____

_____

_____

목요일 오늘, 나는 _____와 공감적 경청을 실천할 것이다.

결과: _____

_____

_____

_____

금요일 오늘, 나는 _____와 공감적 경청을 실천할 것이다.

결과: _____

_____

_____

_____

토요일 오늘, 나는 _____와 공감적 경청을 실천할 것이다.

결과: _____

_____

_____

_____

일요일 오늘, 나는 _____와 공감적 경청을 실천할 것이다.

결과: _____

_____

_____

_____

주간
목표

_____

목표	실천 계획

목표 달성을 위해 실천해야 할 3가지

① _____

② _____

③ _____

이번 주의 다짐

_____

_____

목표에 집중했던 요일

○월 ○화 ○수 ○목 ○금 ○토 ○일

이번 주의 보상

_____

36주
'자서전적 반응' 피하기

The 7 Habits of Highly Effective People Guided Journal

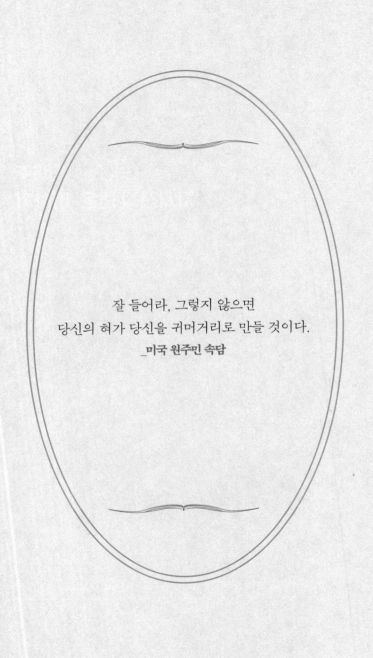

잘 들어라, 그렇지 않으면
당신의 혀가 당신을 귀머거리로 만들 것이다.
_미국 원주민 속담

한눈에 살펴보기

자서전적 반응은 다른 사람들이 말하는 것을 자신의 이야기로 '필터링'하는 것이다. 말하는 사람에 집중하기보다는 자신의 관점을 밝힐 때만을 기다리는 태도다.

자서전적 반응으로 다른 사람의 생각이나 감정, 동기 및 해석을 추측하는 대신 공감적으로 경청하면 당신은 다른 사람의 머리와 마음 속에 실제로 있는 것을 마주하게 된다. 이것이 이해를 위한 경청이다.

자신에게 질문하기

나는 공감적 경청을 기꺼이 실천하고 있는가? 나는 나의 에고를 누르고 진정으로 상대방을 이해하려는 의도로만 경청하고 있는가? 내 마음에서 이미 답을 정해놓고 듣고 있지는 않은가?

누군가가 이해와 존경으로 당신의 말을 경청했던 때를 생각해본다. 어떤 느낌이 들었는가?

_____

_____

이번 주에도, 이해를 위한 듣기를 계속해서 실천한다.

월요일 오늘, 나는 _____와 공감적 경청을 실천할 것이다.

결과: _____

_____

_____

화요일 오늘, 나는 _____와 공감적 경청을 실천할 것이다.

결과: _____

_____

_____

수요일 오늘, 나는 _____와 공감적 경청을 실천할 것이다.

결과: _____

_____

_____

목요일 오늘, 나는 _____와 공감적 경청을 실천할 것이다.

결과: _____

_____

_____

금요일 오늘, 나는 _____와 공감적 경청을 실천할 것이다.

결과: _____

_____

_____

토요일 오늘, 나는 _____와 공감적 경청을 실천할 것이다.

결과: _____

_____

_____

일요일 오늘, 나는 _____와 공감적 경청을 실천할 것이다.

결과: _____

_____

_____

주간
목표

목표	실천 계획

목표 달성을 위해 실천해야 할 3가지

① _____

② _____

③ _____

이번 주의 다짐

_____

_____

목표에 집중했던 요일

○월 ○화 ○수 ○목 ○금 ○토 ○일

이번 주의 보상

_____

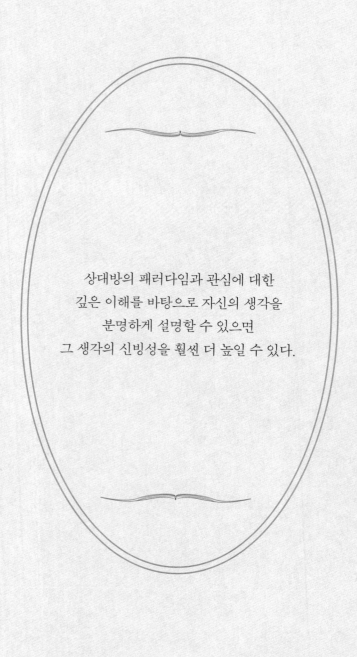

상대방의 패러다임과 관심에 대한
깊은 이해를 바탕으로 자신의 생각을
분명하게 설명할 수 있으면
그 생각의 신빙성을 훨씬 더 높일 수 있다.

한눈에 살펴보기

상대방에게 이해받는 것은 효과적인 의사소통의 후반부다. 상대방이 먼저 자신이 확실히 이해받았다고 느끼면, 이제는 우리도 상대를 존중하면서 명료하게 우리의 관점을 전달하고 상대가 우리를 이해한다고 느낄 수 있다.

자신에게 질문하기

내가 상대방을 이해하고 있다는 것을 그 사람이 알도록 말하는가? 내 관점을 명확하게 공유하고 있는가?

_____

_____

_____

발표를 하거나 메시지를 설득력 있게 전달해야 할 때, 까다로운 대화를 해야 할 때를 써보라.

_____

_____

_____

당신의 이야기를 듣고 상호작용을 할 사람을 떠올려본다. 그들의 관점을 먼저 이해하려면 어떻게 해야 하는가?

_____

_____

_____

_____

_____

발표나 대화 전에 거울이나 반려동물 앞에서, 또는 버스에 있는 사람들 앞에서 말하기를 연습한다. 자신이 말한 것을 기록하고 다시 되풀이한다. 적어도 5분 이내에 개념을 설명할 수 있도록 연습한다.

그 경험은 효과가 있었는가?

_____

_____

_____

_____

_____

다음으로 신뢰할 수 있는 사람에게 메시지를 전달하는 연습을
한다.

피드백을 요청하고, 아래에 그 피드백 요지를 적어둔다.

_____

_____

_____

_____

_____

마지막으로, 용기와 배려를 가지고 청중에게 당신의 의견을 전달
하라.

결과가 좋았는가? 정직하게 써보라.

_____

_____

_____

_____

_____

명료하게 말하기 위한 체크리스트

☐ **'왜'를 알고 시작하라.** 의사소통을 시작하기 전에 "내가 무엇을 성취하려고 하는가?" 하고 자문해보라. 상대방도 마찬가지로 궁금해할 수 있다. "왜 이 대화를 전개하고 있는가?" 만약 그 대답이 명확하지 않은 경우, "왜" 이 대화가 필요한지 먼저 분명히 하라.

☐ **'할 것'을 알고 시작하라.** 알베르트 아인슈타인의 유명한 말처럼, "간단하게 설명할 수 없다면, 아직 충분히 이해하지 못한 것이다." 이해시키려는 요점은 무엇인가? 당신의 생각이 사실에 바탕을 두어야 한다는 점을 기억하라.

☐ **'하지 말 것'을 알고 시작하라.** 불필요한 세부 사항을 피하라. 상대가 보기에 중요하지 않은 새로운 주제에 대해 자꾸 정보를 제공하려고 하면, 이러한 세부 사항 때문에 당신이 전하려는 핵심이 관심을 받지 못할 수 있다.

☐ **참여와 관심에 유의한다.** 당신이 이야기하는 사람들이 실제로 당신과의 소통에 참여하고, 당신이 하려고 하는 말에 관심이 있는지 확인하라. 참여와 관심은 당신의 메시지가 수용되고 유지되는 유일한 방법이다. 그들이 모든 단계에서 당신과 함께하는지 확인하라. 질문하고 다른 사람의 말을 들어라.

☐ **적절한 소통 방식을 선택한다.** 감정적인 콘텐츠는 이메일이나 문자 메시지보다 (가능하다면) 직접 만나서, 혹은 전화나 화상회

의를 통해 전달하는 것이 좋다. 사실 중심인 메시지는 서면으로 전달하는 것이 좋다.

☐ **간소화하고 단순화한다.** 요즈음은 모든 사람이 엄청난 정보 과부하로 고통받으며, 이는 끝없는 혼란과 스트레스를 일으키고 있다. 구체적인 단어를 사용하고 필요한 경우 시각적 보조 자료를 사용하라.

☐ **자신의 신체 반응을 살펴라.** 단호하게 말하되 굳이 큰 소리로 말하지 마라. 너무 아래나 위를 보며 이야기하지 말고 청중을 보면서 이야기하라. 자신의 서 있는 자세, 손의 위치, 몸짓 및 표정에 유의하라.

주간
목표

목표	실천 계획

목표 달성을 위해 실천해야 할 3가지

① _____

② _____

③ _____

이번 주의 다짐

_____

_____

목표에 집중했던 요일

○월 ○화 ○수 ○목 ○금 ○토 ○일

이번 주의 보상

_____

38주

디지털 세계에서의 공감적 소통

The 7 Habits of Highly Effective People Guided Journal

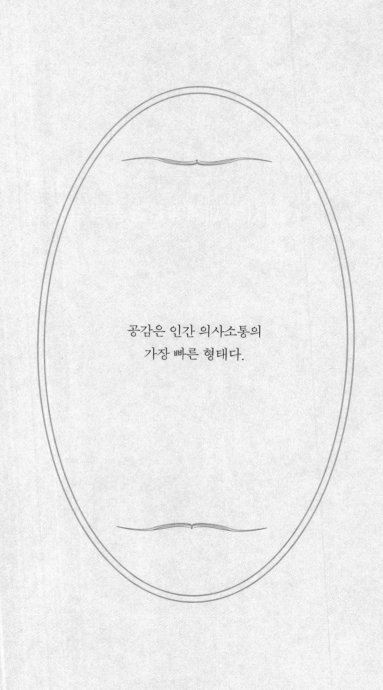

공감은 인간 의사소통의
가장 빠른 형태다.

한눈에 살펴보기

디지털 세계에서의 효과적인 의사소통에는 대면 커뮤니케이션에 사용되는 것과 동일한 의도와 기술이 필요하다. 매체를 통해 의도를 알아차리고 전달하려는 일은 결코 쉽지 않다.

자신에게 질문하기

문자, 전화 및 이메일 대화 중에 어떻게 공감적 경청을 할 수 있을까?

_____

_____

_____

_____

이번 주에 디지털로 소통을 한다면(특히 감정적인 주제로 소통할 경우) 다음 중 하나를 수행하라.

- 상대방의 의사소통 방식을 주의 깊게 해석하라. 심호흡하고 다시 읽어보라.
- 상대방의 감정과 단어를 반영하여 메시지를 보내라.

- 당신의 의도를 구체적으로, 분명히 밝혀라.
- 상대방의 메시지에 답할 때, 답글을 작성한 후 보내기 전에 한 두 시간 동안 기다려보자. 나중에 다시 보면서, 그것이 여전히 당신의 감정과, 말하고 싶은 것을 잘 반영했는지 확인하라.
- 신뢰할 수 있는 동료에게 답변을 검토받고 피드백을 요청하라.

어땠는가?

_____

_____

_____

_____

이메일 소통의 팁

상황	해서는 안 되는 말	해야 하는 말
조금 늦었지만 그리 큰일은 아닐 때	"답장이 늦어서 죄송합니다."	"기다려주셔서 감사합니다."
또 늦었을 때	"항상 늦어서 죄송합니다."	"기다려주셔서 거듭 감사합니다."
일정이 맞지 않을 때	"언제 시간이 되시나요?"	"이 날짜/이 시간은 어떠세요?"

좀 과도하게 반응했을 때	"제가 지나치게 감정적이었나 봅니다."	"이해해주셔서 감사합니다."
도움을 주고 감사 인사를 받았을 때	"문제 없어요!" "걱정 마세요!"	"도움을 드릴 수 있어서 제가 감사하지요"
실수를 반복했을 때	"매번 혼란을 드려 죄송합니다."	"믿고 기다려주셔서 감사합니다."
무엇을 해야 할지 알았을 때	"제 생각에는 이 일을 해야 할 것 같은데요."	"만약 이것이 가능하다면 저는 최선을 다할 것입니다."
뭐라고 말해야 할지 확실하지 않을 때	(이메일을 다시 쓰느라 한 시간씩 낭비하지 말 것)	"이 건은 만나 뵙고 말씀 나누고 싶네요."
잘 알아들었는지 묻고 싶을 때	"이해하셨기를 바랍니다."	"혹시 질문이 있으면 연락 주시기 바랍니다."
상대의 시간을 많이 쓰게 만들었을 때	"이토록 많이 도와주셔서 감사합니다."	"지속적인 협조에 감사드립니다."
일의 진행이 더딜 때	"어떤 진척이 있었는지 확인을⋯."	"변동 사항을 언제 알려주실 수 있나요?"
사소한 실수를 하여 지적받았을 때	"아, 미안합니다. 제 잘못이에요. 깜박했네요."	"네! 수정된 파일을 첨부하였습니다. 알려주셔서 감사합니다."
약속이 있을 때	"제가 좀 일찍 떠나도 괜찮을까요?"	"제가 ○○시에는 출발해야 해서요."

내가 대화를 거의 독점했을 때	"너무 말을 많이 해서 죄송해요."	"경청해주셔서 정말 감사합니다."
"절대 안 돼!"라고 말해야 할 때	"안 됩니다."	"지금 당장 답변을 드릴 수는 없네요. 조금 있다가 다시 확인하시겠어요?" "지금 당장은 확약할 수가 없습니다." "제 도움이 진정으로 필요하시다는 점을 이해합니다만, 죄송하게도 지금은 도와드릴 수가 없습니다." "지금은 '아니요'라고 답을 드립니다만, 상황이 변경되면 다시 알려드리겠습니다." "요청을 충분히 존중합니다만 저의 답변은 '아니요'입니다." "아니요, 지금은 할 수 없습니다. 대신 제가 해드릴 수 있는 것은…."

주간
목표

목표	실천 계획

목표 달성을 위해 실천해야 할 3가지

① _____

② _____

③ _____

이번 주의 다짐

_____

_____

Weekly Review

목표에 집중했던 요일

○월 ○화 ○수 ○목 ○금 ○토 ○일

이번 주의 보상

_____

시너지를
내라

불안정한 사람들은 다른 사람에게
자신의 사고방식을 주입시키려 한다.
그들은 인간관계의 강점은
다른 관점을 접하는 데 있다는 사실을
깨닫지 못한다.
동일성은 창의적이지 않고 지루하다.

한눈에 살펴보기

우리는 다른 사람들의 경험, 관점, 지혜로부터 엄청나게 성장할 기회를 얻는다. 차이는 갈등이 아닌 학습의 원천이 될 수 있다.

자신에게 질문하기

내가 동의하지 않는 사람들이 있는가?

_____

_____

그들로부터 무엇을 배울 수 있는가?

_____

_____

_____

_____

_____

관심 있는 정치적 또는 사회적 문제를 선택한다. 자신의 개인적인 견해는 일단 접어두고, 몇 사람을 찾아 그들의 견해에 대해 토론한다. 이해를 위해 경청한다.

어떤 문제를 논의했는가?

_____

_____

그들의 견해를 자유롭게 기록한다.

이 실습에서 얻은 새로운 관점을 3가지 이상 적어보라.

_____

_____

_____

_____

_____

_____

주간
목표

목표	실천 계획

목표 달성을 위해 실천해야 할 3가지

① _____

② _____

③ _____

이번 주의 다짐

_____

_____

목표에 집중했던 요일

○월 ○화 ○수 ○목 ○금 ○토 ○일

이번 주의 보상

_____

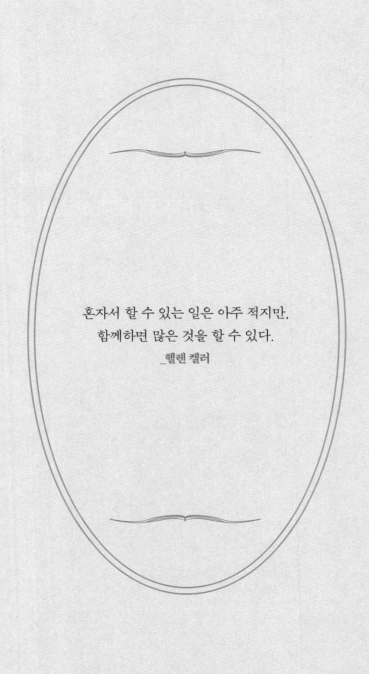

혼자서 할 수 있는 일은 아주 적지만,
함께하면 많은 것을 할 수 있다.
_헬렌 켈러

한눈에 살펴보기

혼자서 모든 답을 찾아낼 필요는 없다. 문제를 해결할 때, 시너지를 통해 혼자서는 결코 생각해낼 수 없었던 아이디어를 끌어낼 수 있다.

자신에게 질문하기

혼자서 극복하기 어려운 문제가 있는가? 어떤 문제인가?

_____

_____

_____

_____

직면한 문제에 관해 이야기할 사람 또는 그룹을 찾아보라. "제가 아직 생각하지 못했던 아이디어를 낼 수 있게 도와주시겠습니까?" 라고 요청하라. 몇 분 동안 브레인스토밍하라. 그들의 아이디어를 판단하지 말고, 그냥 듣고 수용하라.

어떤 아이디어를 활용할 수 있겠는가?

_____

_____

_____

_____

"질문을 두려워하지 마십시오. 필요할 때 도움을 요청하기를 두려워
하지 마십시오. 저는 매일 그렇게 하고 있습니다.
도움을 요청하는 것은 약점의 표시가 아니라, 힘의 표시입니다. 그것
은 당신이 모른다는 것을 인정하고, 새로운 것을 배울 수 있는 용기
를 나타냅니다."   _버락 오바마, 미국의 제44대 대통령

"부끄러워하며 도움을 요청할 때의 속내는:
당신은 저보다 힘이 세군요.
생색을 내면서 요청할 때의 속내는:
나는 당신보다 힘이 있어요.
그러나 감사한 마음으로 도움을 요청할 때는:
우리는 서로를 도울 힘이 있군요."   _아만다 파머, 가수

"겸손한 사람들이 도움을 요청합니다."   _조이스 마이어, 목사

"우리가 기억해야 할 가장 중요한 것은 우리가 전진하고 있다는 점입니다. 도움을 요청하는 것을 부끄러워하거나 두려워하지 마십시오."

_카니 윌슨, 가수 겸 TV 진행자

주간
목표

목표	실천 계획

목표 달성을 위해 실천해야 할 3가지

① _____

② _____

③ _____

이번 주의 다짐

_____

_____

목표에 집중했던 요일

○월 ○화 ○수 ○목 ○금 ○토 ○일

이번 주의 보상

_____

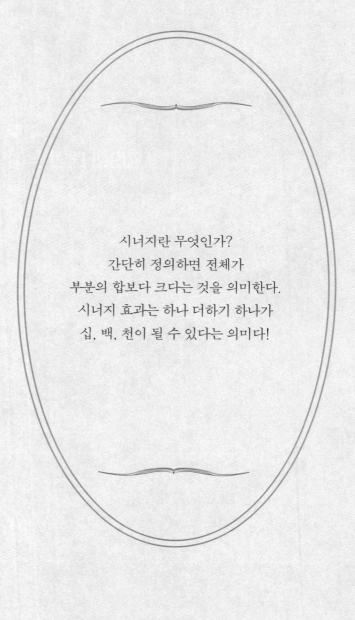

시너지란 무엇인가?
간단히 정의하면 전체가
부분의 합보다 크다는 것을 의미한다.
시너지 효과는 하나 더하기 하나가
십, 백, 천이 될 수 있다는 의미다!

한눈에 살펴보기

시너지 효과는 **제3의 대안**을 모색하겠다는 의지에 달려 있다. 그냥 '나의 방법' 또는 '너의 방법'보다 한 차원 높은, 더 좋은 방법이며 누구도 혼자서는 생각해낼 수 없던, 생각해낼 수 없는 그런 방법이다.

● 한 직원이 어렵게 상사에게 임금 인상을 요청한다. 물론 상사가 '예'라고 할지, '아니요'라고 할지는 모르는 일이며, 직원은 '아니요'라고 말하면 싸울 준비가 되어 있다. 그러나 상사는 놀랍게도 제3의 대안을 제시한다. 상사는 직원에게 고객에게, 회사가 어떻게 더 나은 서비스를 제공할 수 있는지, 그리고 더 큰 비즈니스를 구축하기 위해 무엇을 해야 하는지 묻는다. 상사는 직원의 말을 들으면서 가치를 증진하고, 더 많은 급여를 줄 수 있는 방법을 알게 된다. 상사는 직원과 함께 일함으로써 시간이 지남에 따라 직원에게 자신감을 갖게 하고 그의 보상을 높여줄 뿐만 아니라, 고객과의 비즈니스 규모를 늘려 모두를 위한 진정한 승-승을 만들어낸다.

자신에게 질문하기

나는 언제 타협해버리는가? 언제 시너지 효과를 경험하는가? 둘 사이의 차이점은 무엇인가?

_____

_____

_____

"이 상황에서 어떻게 하면 우리 모두 승-승 할 수 있을까?" 하고 묻는 것으로 승-승 합의서를 체결할 수 있다. 혼자서 도출할 수 있는 것보다 훨씬 더 나은 대안을 찾고자 하는 것이다.

내가 이기는 법	상대방이 이기는 법	우리가 이기는 법
_____	_____	_____
_____	_____	_____
_____	_____	_____
_____	_____	_____
_____	_____	_____

제3의 대안 사고

나는 당신과 시너지를 낸다

나는 당신을 관찰한다

나는 나 자신을 본다

나는 당신을 본다

다가오는 회의에서, 시너지가 발생하는지 혹은 발생하지 않는지 관찰해본다. 아래 내용을 기억한다.

시너지가 발생할 때	시너지가 발생하지 않을 때
차이점을 축하하기	차이점을 참고 견디기
팀워크	독립적으로 일하기
열린 마음가짐	내가 항상 옳다는 생각
새롭고 더 좋은 방법을 발견하기	타협에 머무르기

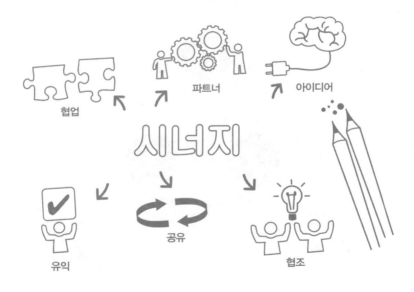

시너지 효과가 도움이 될 문제를 생각해보라. 제3의 대안을 찾아서 그 문제에 적용해보자. 아래에 몇 가지 아이디어를 적어본다.

시너지를 낼 때 당신에게 일어나는 일

- 마음의 변화가 일어난다.
- 새로운 에너지와 흥분을 느낀다.
- 새로운 방식으로 사물을 본다.
- 기존의 인간관계가 혁신적으로 변화했다고 느낀다.
- 양 당사자가 처음 것보다 더 나은 제3의 대안을 도출한다.

스티븐 코비 박사의 말

"시너지는 나의 방식도 아니고 너의 방식도 아닌 더 나은 방식이다. 그것은 우리의 방식이다."

"시너지 효과는 서로를 존중하는 사람들이 큰 도전을 맞이해 결단하며 처음에 생각했던 것보다 훨씬 더 좋은 결정을 내릴 때 나오는 강력한 결과다."

"시너지 효과는 타협과 같은 것이 아니다. 타협에서 1 더하기 1은 잘해야 1.5 정도이다."

주간
목표

_____

목표	실천 계획

목표 달성을 위해 실천해야 할 3가지

① _____

② _____

③ _____

이번 주의 다짐

_____

_____

목표에 집중했던 요일

○월 ○화 ○수 ○목 ○금 ○토 ○일

이번 주의 보상

_____

42주
차이점을 가치 있게 여기기

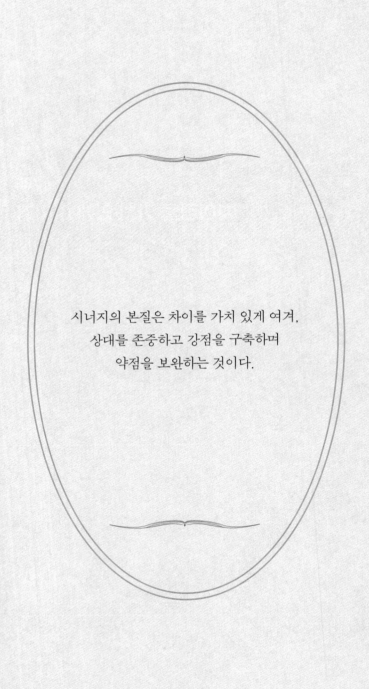

시너지의 본질은 차이를 가치 있게 여겨,
상대를 존중하고 강점을 구축하며
약점을 보완하는 것이다.

한눈에 살펴보기

시너지 효과의 바탕은 차이를 가치 있게 여기는 것이다. 우리는 상대를 거부하거나 겨우 수용하기보다는 차이를 소중히 여기고 받아들일 때 효과적인 사람이 된다. 우리는 다른 사람과의 차이점을 약점이 아니라 강점으로 본다.

자신에게 질문하기

함께 일하고 살아가는 사람들의 독특한 강점을 알고 있는가?

_____

_____

_____

차이를 소중히 여기기보다 그저 참고 견디는 관계가 있는가?

_____

_____

_____

당신에게 동의하지 않는 사람을 특정하고, 그들의 강점을 적어본다.

_____

_____

_____

_____

_____

> [아이디어] 다음에 그 사람이 당신과 동의하지 않을 때 말한다.
> "좋습니다! 사물을 저와 다르게 보시는군요. 그래서 당신의 말
> 을 들어보고 싶습니다."

의견의 차이에 접근하는 방법

1. 가급적 중립적인 장소에서 얼굴을 보면서 만나, **비공개로 주제
   를 논의한다.** 절대로 SNS에 화풀이하지 않는다!
2. **긍정적인 환경을 만든다.** 상호존중이 가장 중요하다. 침착하고
   열린 상태를 유지하고 서로 비난하지 않기 위해 "나-메세지
   I-message"를 사용한다. 이때 인내심을 가져야 한다. "식초보다 꿀
   로 더 많은 파리를 잡을 수 있다"는 속담을 기억하면 도움이 될
   것이다.
3. **핵심을 짚는다.** 혼동을 피하기 위해 문제를 명확히 하라. 혼동

은 잘못된 소통의 진원지가 된다. 객관적인 데이터로 의견을 뒷받침하라. 협상을 준비하는 한 가지 방법은 사전에 자기 생각을 적어보는 것이다.

4. **열린 상태를 유지한다.** 내면을 살핀다. 다른 사람이 틀렸다고 가정하지 않는다. 다른 사람의 현실을 이해하려고 노력한다. 당신이 동의하지 않을 때도 입장을 바꾸어 생각해보려고 최선을 다하고, 그들이 왜 그러는지 진심으로 이해한다. 논쟁할 때는 상대방의 입장을 잘 이해하라. 그래야 그들과 잘 논쟁할 수 있다.

5. **호기심을 키운다.** 모르면 질문하라.

6. **공통점을 찾는다.**

7. 서로의 실수에서 배울 수 있는 **가능성이 크다는 것을 깨닫는다.**

> "마디바(넬슨 만델라의 애칭)의 위대한 교훈 한 가지: 당신은 누군가와 의견이 크게 다를 수 있지만, 그렇다고 그것이 무례를 정당화하지는 않는다."
>
> _《굿모닝! 미스터 만델라Good Morning, Mr. Mandela》,
> 젤다 라 그레인지, 남아프리카 공화국 공무원

"차이점은 이로운 것이다. 차이점은 질문을 이끌어내고, 질문은 배움을 이끌어낸다. 우리가 차이점을 증오의 원인으로 생각할 때만 차이점은 해로운 것이 된다."

_《수용을 위한 모든 것All For Acceptance》,

나스카 아비짓, 인도의 신경과학자이자 작가

"당신은 자신의 믿음을 방어하고 싶어 합니까? 아니면 세상을 가능한 한 분명하게 보고 싶어 합니까?"

_TED 강연 〈왜 당신은 그렇지 않은데도 옳다고 생각하는가

Why You Think You're Right—Even if You're Wrong〉,

줄리아 갈레프, 미국의 작가이자 대중 연설가

"논쟁 또는 토론의 목적은 승리가 아니라 진보다."

_조셉 주버트, 프랑스의 도덕주의자이자 수필가

"세상에는 두 종류의 사람이 있다. 이기려는 사람과 논쟁에서 이기려는 사람들이다. 이 둘은 절대 같지 않다."

_나심 니콜라스 탈레브, 미국의 수필가이자 통계학자

위의 인용문을 읽고 차이를 가치 있게 여기는 방법에 대한 당신의 생
각을 자유롭게 적어보라.

주간
목표

목표	실천 계획

목표 달성을 위해 실천해야 할 3가지

① _____

② _____

③ _____

이번 주의 다짐

_____

_____

목표에 집중했던 요일

○월 ○화 ○수 ○목 ○금 ○토 ○일

이번 주의 보상

_____

차이에 대한 개방도 평가하기

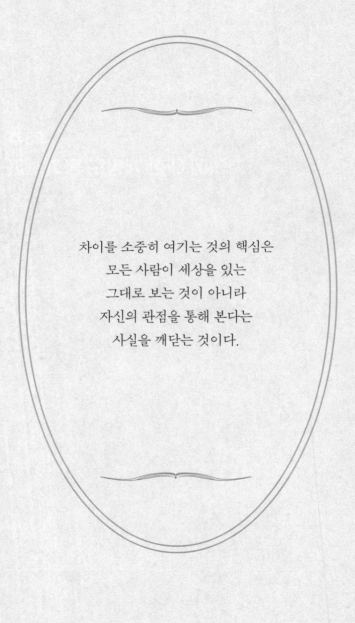

차이를 소중히 여기는 것의 핵심은
모든 사람이 세상을 있는
그대로 보는 것이 아니라
자신의 관점을 통해 본다는
사실을 깨닫는 것이다.

한눈에 살펴보기

우리는 종종, 우리는 객관적이지만 다른 사람들은 그렇지 않다는 생각을 패러다임 삼는다. 하지만 효과성을 위해 우리는 겸손하게 우리의 인식에 한계가 있음을 인정해야 한다.

자신에게 질문하기

나는 차이로부터 배우는 일에 마음이 열려 있는가?

_____

_____

_____

_____

당신의 인간관계에서 나타나는 몇 가지 차이점을 적어보자.
📝 나이, 정치 성향, 성격, 스타일, 종교 등

_____

_____

_____

_____

차이점을 더 가치 있게 하기 위해 할 수 있는 일을 적어보자.

_____

_____

_____

_____

자기 평가

나는	그렇다	아니다	모른다
차이와 관계없이, 모든 사람에 대한 존중과 포용을 소중히 여기는 **업무 환경에 기여하는가?** 나와 다른 점이 많은 사람이 그 자리에 있을 때와 없을 때, 똑같은 수준의 존경심을 갖고 이야기하는가?			
좋은 분위기를 조성하고, 소통의 문화를 만드는 데 기여함으로써 팀의 일원이 되어 **목소리를 내며 소통하고 있는가?**			
다른 사람들이 자신의 통찰, 관점 및 아이디어를 가져와서 **공헌할 때 감사를 표하는가?** 사람들이 각자 가장 잘하는 것이 무엇인지, 그들의 강점이 무엇인지 알고 있는가?			
누가 내 말에 비판 없이 잘 따르는 사람인지 전략적으로 생각해본다. 보복이나 소외의 두려움 없이 다른 견해를 편안하게 교환하는 사람들이 내 주변에 있는가?			
다른 사람의 입장에서 생각하는가? 나만큼 나를 알 수 없는 다른 사람들의 눈을 통해 나의 행동과 말이 일치하는지 확인할 수 있는가?			

나의 깊은 두려움을 직면하는가? 연구에 따르면 깊은 두려움은 다르게 생각하는 사람들을 혐오하는 원인이 될 수 있다.			
나의 동기를 확인하고, 내가 항상 옳아야 된다는 마음을 내려놓는가? 내 의견에 동의하지 않는 사람과 대화를 나눌 때, 그들이 틀렸다는 것을 보여주기 위한 의도가 아닌 것이 확실한가?			
토론이나 건강한 논쟁 및 의견 교환에 사람들을 초대하고 참여시키는가? 내 의견에 동의하지 않는 사람들과 실제로 시간을 보내고, 당신의 가정 중 어떤 것이 부적절한지 알아내기 위해 적극적으로 노력하는가?			
주의 깊게 듣고 개방형 질문을 하는가? 나와 다른 사람들에게 손을 내밀고, 그들로부터 내가, 또 나로부터 그들이 배울 점이 있다고 생각하는가?			
나와 다른 사람들이 가치관을 공유하는가? **서로 공통점을 찾으려고 노력하는가?**			

자기 평가에 대한 답변을 살펴보라. 당신은 스스로의 차이점에 대한 개방성을 어떻게 평가하고 있는가?

_____

_____

_____

_____

_____

주간
목표

목표	실천 계획

목표 달성을 위해 실천해야 할 3가지

① _____

② _____

③ _____

이번 주의 다짐

_____

_____

Weekly Review

목표에 집중했던 요일

○월 ○화 ○수 ○목 ○금 ○토 ○일

이번 주의 보상

_____

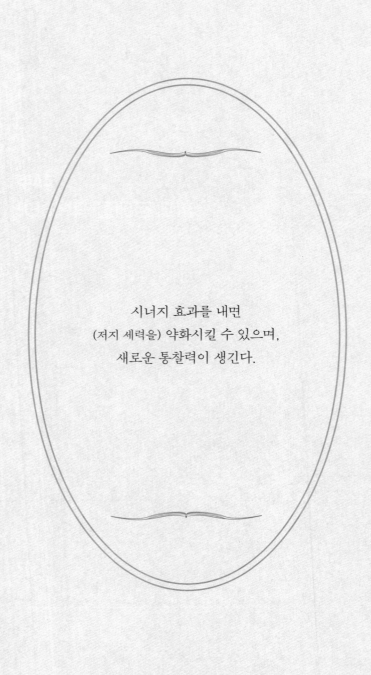

시너지 효과를 내면
(저지 세력을) 약화시킬 수 있으며,
새로운 통찰력이 생긴다.

한눈에 살펴보기

시너지 효과를 내겠다는 의지를 가지고 문제에 접근하면, 문제를 극복할 새로운 방법을 찾을 수 있다.

자신에게 질문하기

현재 나의 앞길을 자주 가로막는 장애물은 무엇인가?

_____

_____

_____

진행 중인 목표를 생각해보라. 어디에서 왜 진척이 되지 않는지 확인하라. 어떤 장애물을 마주하고 있는가?

_____

_____

_____

도움이 될 만한 사람을 찾아서 이 장애물을 극복하는 방법을 브레인스
토밍한다. 어떤 대화가 오고갔는가? 요약해서 적어보라.

_____

_____

_____

_____

_____

"많은 아이디어가 처음 나온 곳에서보다 다른 마음으로 옮겨 심을 때
더 잘 자랍니다."　　　　　　_올리버 웬델 홈즈 주니어, 미국 대법원 판사

"다양성은 우리 모두와 연관된 것으로, 우리에게 세상을 함께 살아가
는 방법을 알려준다."　　　　　　　　　　_재클린 우드슨, 작가

"인류(와 동물)의 오랜 역사를 보면, 가장 효과적으로 협업하고 즉흥
적으로 행동하는 법을 배운 사람들이 세상을 지배했다."
　　　　　　　　　　　　　　　_찰스 다윈, 자연주의자, 생물학자

"당신에게 도전하고 영감을 주는 사람들을 찾고 그들과 함께 많은 시
간을 보내면 당신의 삶이 변화할 것이다."
　　　　　　　　　　　　_에이미 폴러, 배우, 코미디언, 작가, 감독

도움을 청하기 위해 누군가에게 연락하는 일은 어땠는가? 그 사람에
게서 무엇을 배웠는가?

_____

_____

_____

_____

_____

주간
목표

목표	실천 계획

목표 달성을 위해 실천해야 할 3가지

① _____

② _____

③ _____

이번 주의 다짐

_____

_____

목표에 집중했던 요일

○월 ○화 ○수 ○목 ○금 ○토 ○일

이번 주의 보상

_____

45주
타인의 강점 활용하기

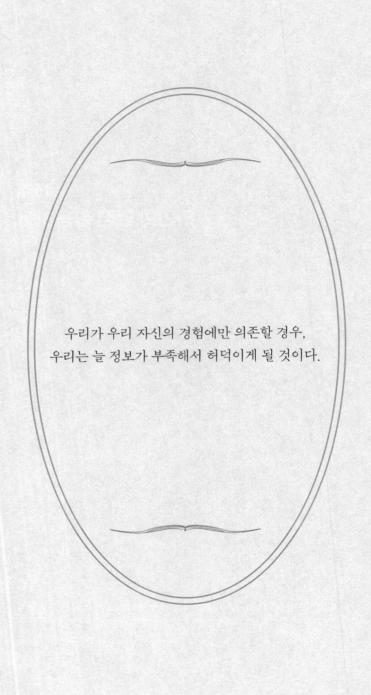

우리가 우리 자신의 경험에만 의존할 경우,
우리는 늘 정보가 부족해서 허덕이게 될 것이다.

한눈에 살펴보기

우리는 다른 사람들의 강점에 둘러싸여 있지만 그것들을 잘 활용하지 않는다.

자신에게 질문하기

내 인생에서 다른 사람들의 강점을 더 잘 활용하기 위해 무엇을 할 수 있는가?

_____

_____

_____

_____

"비즈니스에서 위대한 일은 한 사람이 이룩하지 않는다. 그런 일은 사람들이 모인 팀에 의해 이루어진다."   _스티브 잡스, 애플 창업자

"빨리 가고 싶다면 혼자 가라. 멀리 가고 싶다면 함께 가라."

_아프리카 속담

가장 친한 친구, 가족 및 동료의 이름 옆에 그들의 강점을 적는다. 당신이 직면한 어려움에 대응할 수 있는 강점은 무엇인가?

이름	강점	도움이 될 강점

"당신은 다른 사람들이 무엇을 하고 있는지 알 필요가 있다. 그들의 노력에 박수를 보내며, 그들의 성공을 인정하고, 그들이 추구하는 것에 격려를 보낼 필요가 있다. 우리가 모두 서로를 도울 때, 모두가 이기는 것이다."
_짐 스토발, 작가, 인도주의자

"팀워크가 꿈을 이루어지도록 한다는 것은 사실이다."
_나탈리아 네이드하트, 캐나다 프로 레슬링 선수이자 칼럼니스트

주간
목표

목표	실천 계획

목표 달성을 위해 실천해야 할 3가지

① _____

② _____

③ _____

이번 주의 다짐

_____

_____

Weekly Review

목표에 집중했던 요일

○월 ○화 ○수 ○목 ○금 ○토 ○일

이번 주의 보상

_____

끊임없이
쇄신하라

'매일의 개인적 승리'를 위해
한 시간씩 투자하는 것은
어느 무엇보다 중요하다.
이것은 모든 의사결정과 대인관계에
영향을 미칠 것이다. 또 하루 일과에
투입하는 시간의 품질과 효과성을
크게 증진해줄 것이다.

한눈에 살펴보기

매일의 개인적 승리는 날마다 신체, 정신, 감정 및 영혼을 쇄신하기 위한 반복적 행위(루틴)에 보내는 시간을 뜻한다. 그것은 모든 7가지 습관을 개발하는 핵심이다.

자신에게 질문하기

나는 매일 신체와 정신, 감정과 영혼을 새롭게 하는가?

_____

매일 자신을 쇄신하는 나만의 루틴을 적어보라.

_____

_____

_____

어떤 점을 더 개선할 수 있는가?

_____

_____

_____

매일 아침을 여는 모닝 루틴

레몬수

샤워

피부관리

운동

이른 기상

아침 식사

계획 세우기

긍정적인 삶을 위한 저녁 루틴

일일 계획을 점검하고
해야 할 일 검토하기

잠들기 두 시간 전에
스마트폰을 비행기 모드로
전환하고 멀리 두기

스마트폰을
침실 밖에서 충전하기

건강한 아침 식사
준비해두기

세수, 보습제 바르기,
양치, 치실

다음 날 입을 옷 준비하기

독서

요가 혹은 명상

아로마 테라피

냉난방기 조절하여
쾌적한 온도로 만들기

방을 어둡게 하고
안대나 귀마개 하기

마음을 차분하게
가라앉히고 오늘의 성취나
좋은 일 떠올리기

알람 맞추기

주간
목표

목표	실천 계획

목표 달성을 위해 실천해야 할 3가지

① _____

② _____

③ _____

이번 주의 다짐

_____

_____

목표에 집중했던 요일

○월 ○화 ○수 ○목 ○금 ○토 ○일

이번 주의 보상

_____

Weekly Review

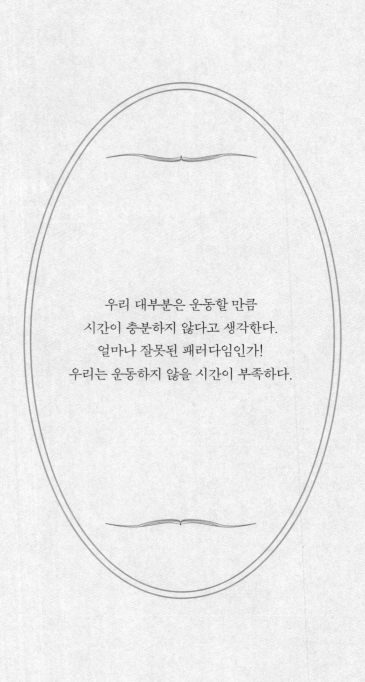

우리 대부분은 운동할 만큼
시간이 충분하지 않다고 생각한다.
얼마나 잘못된 패러다임인가!
우리는 운동하지 않을 시간이 부족하다.

한눈에 살펴보기

신체적 쇄신은 건강한 식단, 충분한 휴식 및 규칙적인 운동으로 신체를 돌보는 것이다.

자신에게 질문하기

나의 힘과 회복탄력성을 향상할 수 있는 한 가지 방법은 무엇인가?

_____

_____

_____

이번 주에 신체적 능력을 증진할 방법을 한 가지 선택한다.

- 취침 시간 알람을 설정한다
- 나에게 도전이 될 활동 한 가지를 찾아본다. 운동 루틴에 새로운 요소를 추가한다(예: 지구력, 유연성 또는 근력 운동)
- 신체적 능력을 증진하는 나만의 방법을 만든다
- 기타

_____

_____

새로운 습관을 들이는 방법

1 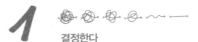 결정한다

2  새로운 습관을 시각화한다

3 한 번에 한 가지 습관에 집중한다

4  최소한 한 달 동안 실천한다

5  하나의 실험처럼 운영한다

6  새로운 습관을 정착시킨다

7 천천히 한다

8 지속한다

9  기록한다

10 스스로 다짐한다

11  시간을 들여서 계속한다

12 어려운 점을 파악한다

13  새로운 습관의
유익함을 파악한다

14  포기할 때에는
다른 것으로 대체한다

15 새로운 습관에
어떠한 예외도
인정하지 않는다

16 상호 책임을
만든다

17 긍정적인 롤모델과
함께한다

18 중간 점검을 하고
중요한 성취를 이루었다면
스스로에게 상을 준다

19 완벽하기를 바라지 않는다

20 부정적인 문장은 '그러나'로 마무리한다
(예: 나는 아침에 일찍 일어나는 것을 정말 싫어한다.
그러나, 앞으로 몇 주 동안 운동을 한다면 건강에 좋을 것이다)

21 새로운 습관을
라이프스타일의
일부로 삼는다

22 오직 자신을
위하여 실행한다

주간
목표

목표	실천 계획

목표 달성을 위해 실천해야 할 3가지

① _____

② _____

③ _____

이번 주의 다짐

_____

_____

Weekly Review

목표에 집중했던 요일

○월 ○화 ○수 ○목 ○금 ○토 ○일

이번 주의 보상

_____

48주

영혼 새롭게 하기

The 7 Habits of Highly Effective People Guided Journal

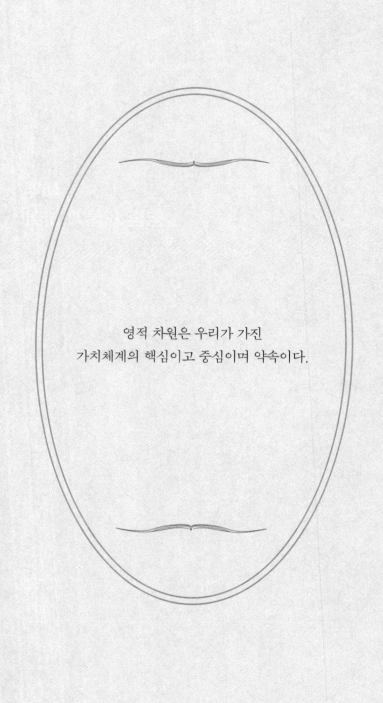

영적 차원은 우리가 가진
가치체계의 핵심이고 중심이며 약속이다.

한눈에 살펴보기

영적 차원은 삶에서 매우 사적이면서 대단히 중요한 영역이다. 그것은 당신에게 영감을 주고, 당신이 향상하는 원천이 된다.

자신에게 질문하기

나의 가치관은 중심이 잡혀 있는가?

_____

_____

나에게 영감을 주고 나를 끌어올려주는 것은 무엇인가?

_____

_____

_____

_____

이번 주에 영적 능력을 증진하기 위해 무엇을 할 것인가?

* 나의 자기 사명서 다듬기
* 자연에서 시간 보내기
* 음악을 듣거나 작사, 작곡하기
* 지역 사회에 봉사하기
* 종교적인 행사에 참여하기
* 기타

_____

_____

_____

_____

_____

영적 차원을 재충전하고 쇄신하면 자신의 인생에서 리더십을 발휘할 수 있다. 이는 습관 2(끝을 생각하며 시작하라)와 매우 밀접하게 관련되어 있다. 영적 재충전과 쇄신에는 시간이 든다. 그러나 그것은 시간이 없다고 해서 무시할 수 없는, 제2사분면(급하지는 않지만 더 중요한 일)에 속하는 활동이다.

"나는 오늘 할 일이 너무 많기 때문에 그만큼 더 많이 기도해야 한다."

_마르틴 루터, 종교개혁가

"인생의 가장 치열한 전쟁은 영혼이란 고요한 방에서 매일매일 이뤄
진다."

_데이비드 O. 맥케이, 종교 지도자

주간
목표

목표	실천 계획

목표 달성을 위해 실천해야 할 3가지

① _____

② _____

③ _____

이번 주의 다짐

_____

_____

Weekly Review

목표에 집중했던 요일

○월 ○화 ○수 ○목 ○금 ○토 ○일

이번 주의 보상

_____

49주
정신 가다듬기

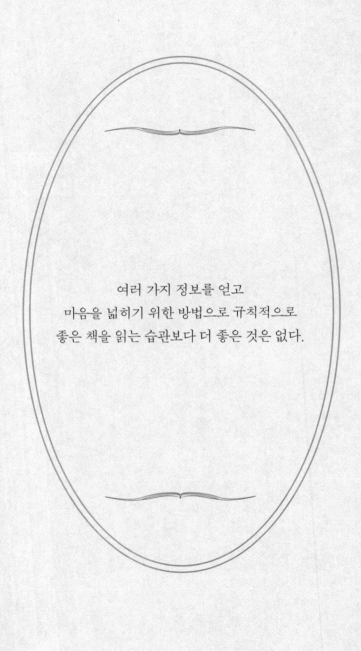

여러 가지 정보를 얻고
마음을 넓히기 위한 방법으로 규칙적으로
좋은 책을 읽는 습관보다 더 좋은 것은 없다.

한눈에 살펴보기

학교를 마친 많은 사람이 정신이 위축된 채로 산다. 그러나 학습은 정신적 쇄신에 필수적이다.

자신에게 질문하기

나는 정신적으로 상쾌하게 한 주를 시작하는가?

_____

_____

_____

이번 주에 정신적 능력을 증진하기 위해 무엇을 할 것인가?

- 일기 쓰기
- 고전 문학 읽기
- 취미 개발
- 기타

_____

_____

_____

공예 및 취미 아이디어들

기타, 피아노, 하모니카, 또는 다른 악기 연주·촬영 또는 편집(포토샵)·원예·가구 제작·장식·장신구 제작·바느질, 십자수, 수선·뜨개질·코바늘·자수·퀼팅·데쿠파주(종이 오려붙이기)·업사이클링·스크랩·스케치·수채화·유화·색칠하기·단편 소설 쓰기·만화 그리기·그래픽 디자인·실크 스크린·리놀륨 판화·캘리그래피·요리 및 베이킹·유리 공예·도예·조각·가죽 공예·목공·불렛 저널·향초 만들기·아로마 테라피·네일 아트·메이크업·지오캐싱(GPS 활용 보물찾기 게임)·팟캐스트

이번 주의 취미 생활

최고의 자기계발을 도와주는 추천 도서

《성공하는 사람들의 7가지 습관》 외에도 이런 책을 추천한다.

- 《파이브 초이스: 타임 푸어를 위한 스마트한 인생 관리법》
- 《성공하는 사람들의 8번째 습관》
- 《소중한 것을 먼저 하라》

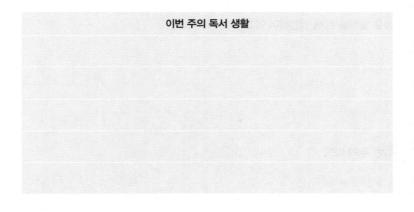

이번 주의 독서 생활

주간
목표

목표	실천 계획

목표 달성을 위해 실천해야 할 3가지

① _____

② _____

③ _____

이번 주의 다짐

_____

_____

목표에 집중했던 요일

○월 ○화 ○수 ○목 ○금 ○토 ○일

이번 주의 보상

_____

50주
감정 개발하기

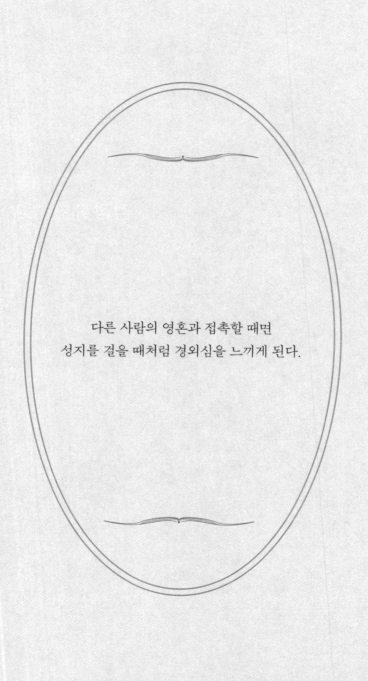

다른 사람의 영혼과 접촉할 때면
성지를 걸을 때처럼 경외심을 느끼게 된다.

한눈에 살펴보기

반드시 그런 것은 아니지만, 우리의 감정적 삶은 대부분 다른 사람들과의 관계를 통해 발전한다.

자신에게 질문하기

이번 주에 누구와 연결할 수 있는가? 그들의 삶을 어떻게 더 낫게 만들 수 있는가?

_____

_____

_____

이번 주에 사회적·감정적 능력을 증진하기 위한 방법을 한 가지 선택한다.

- 친구를 저녁 식사나 화상 통화에 초대하기
- 최근에 연락하지 못했던 친구에게 문자나 이메일 보내기
- 누군가를 용서하기
- 기타

_____

"용서는 자신에게 줄 수 있는 가장 큰 선물 중 하나다. 모두를 용서해 주어라."
_마야 안젤루, 시인, 시민권 운동가

"용서는 발뒤꿈치에 짓밟힌 제비꽃이 거기에 흘려놓은 향기다."
_마크 트웨인, 작가

"우리는 용서할 수 있는 능력을 개발하고 유지해야 한다. 용서할 힘이 없는 사람은 사랑할 힘도 없다. 우리의 최악 속에도 선함이 있고 최고 속에도 악마가 있다. 이 사실을 발견할 때, 우리는 적을 덜 미워하게 된다."
_마틴 루서 킹 주니어, 목사, 시민권 운동가

당신이 용서해주어야 할 사람은 누구인가?

_____

_____

_____

_____

_____

_____

"알다시피, 자기 자신을 용서하는 것은 모든 용서 중에서 가장 어려운 일이다."

_조안 바에즈, 가수, 작곡가, 활동가

당신은 용서의 과정을 거치면서 필연적으로 당신 자신의 경험에 대한 책임을 지고, 자신이 스스로에게 얼마만큼의 고통을 참아내게 했는지 보게 될 것이다. 그리고 스스로를 용서할 기회가 있음을 알게 될 것이다.

자기 자신을 용서하려면 무엇이 필요한가?

_____

_____

_____

_____

_____

_____

_____

주간
목표

목표	실천 계획

목표 달성을 위해 실천해야 할 3가지

① _____

② _____

③ _____

이번 주의 다짐

_____

_____

목표에 집중했던 요일

○월 ○화 ○수 ○목 ○금 ○토 ○일

이번 주의 보상

_____

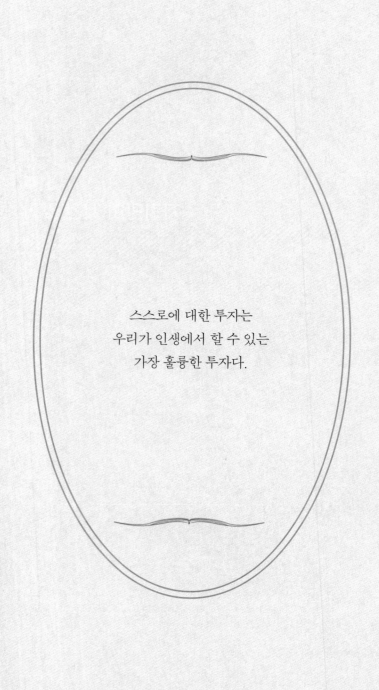

스스로에 대한 투자는
우리가 인생에서 할 수 있는
가장 훌륭한 투자다.

한눈에 살펴보기

쇄신은 제2사분면 활동이다. 우리는 이를 실현하기 위해 주도적이
어야 한다.

	긴급함	긴급하지 않음
중요함	**제1사분면(관리)** • 위기 • 의료적 응급 상황 • 급박한 문제 • 기간이 정해진 프로젝트 • 예정된 마감 직전의 마지막 준비	**제2사분면(집중)** • 계획 및 준비 • 예방 • 가치관 정립하기 • 운동 • 인간관계 구축 • 진정한 휴식, 이완
중요하지 않음	**제3사분면(회피)** • 쓸데없는 간섭, 중요하지 않은 전화 • 일상적인 메일, 보고서 • 의례적인 회의 • 밀려드는 일들 • 인기 있는 여러 활동	**제4사분면(회피)** • 사소한 일, 그냥 바쁜 일 • 광고 메일 • 하찮은 문자 메세지, 이메일 • 시간 낭비하는 일 • 회피하는 활동 • 생각 없는 TV 시청

자신에게 질문하기

긴급한 일이 쇄신의 시간을 갉아먹고 있는가?

_____

_____

오늘 30분 정도 시간을 내고 스트레스를 해결할 방법을 찾아서 실천
해보라. 그 시간을 어떻게 보냈는가? 그 후 어떤 느낌이 들었는가?

_____

_____

_____

_____

간단한 30분짜리 스트레스 해결 방법

이러한 활동은 30분으로 제한하라. 그렇지 않으면 (긴급하지 않고
중요하지 않은) 제4사분면 활동이 될 수 있다.

1. 좋은 책 읽기
2. 기분을 좋게 해주는 인터넷 방송 듣기
3. 좋아하는 TV 연속극 시청하기
4. 가벼운 낮잠

5. 건강에 좋은 빵을 굽거나 요리하기

6. 영양식 먹기

7. 나만의 주스 만들기

8. 에센셜 오일을 바르고 뜨거운 물에 목욕해서 긴장 풀어주기

9. 명상하거나 긴장을 풀어주는 음악 듣기

10. 빠른 비트의 음악에 맞추어 춤추기

11. 재미있는 고양이 동영상 보기

12. TED 강연 듣기

13. 친구에게 화풀이가 아닌, 웃음이 넘치는 전화 하기

14. 가족에게 안부 전화, 문자 또는 이메일 보내기

15. 호흡법 연습하기

16. 허브차 한 잔 마시기

17. 아로마 테라피

18. 걷거나 수영하기

19. 고난이도의 지구력 운동이나 평화로운 요가 실습

20. 동기부여 해주는 좋은 글 읽기

21. 일기를 쓰거나 긍정적인 다짐 적기

22. 꿈꾸기는 조금 하고 목표를 적어보기

23. 미래의 자신에게 긍정적인 손 편지 쓰기

24. 촛불이나 은은한 램프 켜기

25. 반려동물과 놀아주기

26. 감사한 일을 차례로 적어보기

27. 성인용 컬러링북으로 긴장 풀기

28. 전화기를 꺼두기

29. 멋진 휴가를 상상해보기

30. 아무것도 하지 않기

"행복은 자기 수용에서부터 시작되는 것 같다."

_제이미 리 커티스, 배우, 작가, 활동가

"당신 안에 뭔가 나타난다 … 타고난, 내재된 평화, 고요함, 살아 있음. 그것은 당신의 본질 안에 있는 자연 그대로의 사람이다. 그것은 당신이 사랑의 대상으로 찾고 있던 것이다. 그것은 당신 자신이다."

_에크하르트 톨레, 독일의 영적 스승이자 베스트셀러 작가

"나를 쓰러트릴 수 있는 사람은 나 자신뿐이며, 나는 더 이상 자신을 쓰러트리지 않겠다." _C. 조이벨 C., 시인, 작가

"당신이 추구하는 사랑을 찾으려면 먼저 당신의 내면에서 사랑을 찾아보십시오. 자신의 내면에 있는 그곳에서 휴식을 갖는 법을 배우십시오. 그곳이 당신의 진정한 고향입니다."

_스리 라비 샹카르, 인도의 인도주의자, 영적 지도자, 평화 대사

어떤 것이, 어떤 사람이, 어느 장소가, 어떤 사건이 당신에게 살아 있는 행복을 느끼게 해주는가? 당신의 인생에서 어떻게 이런 것들을 더할 수 있는가?

_____

_____

_____

_____

만약 당신이 무조건적으로 자신을 사랑한다면 무엇을 할 것인가?

_____

_____

_____

_____

최근에 연민을 갖고 도움을 주었던 친구를 적어보자. 그다음, 자신에게도 똑같이 도움을 줄 방법을 적어보라.

_____

_____

_____

_____

주간
목표

목표	실천 계획

목표 달성을 위해 실천해야 할 3가지

① _____

② _____

③ _____

이번 주의 다짐

_____

_____

목표에 집중했던 요일

○월 ○화 ○수 ○목 ○금 ○토 ○일

이번 주의 보상

_____

52주
기술 활용하기

놀라운 현대기술을 통해
시간을 더 잘 관리하고,
더 많이 일하고, 더 유능한 사람이 되려고
부단히 노력함에도
중요한 일은 소홀히 하고
중요하지 않은 일에는 집중하는 현상이
심화되는 것은 무슨 까닭인가?

한눈에 살펴보기

한 주일을 보내면서, 마음속으로 4가지 사분면을 생각하라.

	긴급함	긴급하지 않음
중요함	제1사분면(관리) • 위기 • 의료적 응급 상황 • 급박한 문제 • 기간이 정해진 프로젝트 • 예정된 마감 직전의 마지막 준비	제2사분면(집중) • 계획 및 준비 • 예방 • 가치관 정립하기 • 운동 • 인간관계 구축 • 진정한 휴식, 이완
중요하지 않음	제3사분면(회피) • 쓸데없는 간섭, 중요하지 않은 전화 • 일상적인 메일, 보고서 • 의례적인 회의 • 밀려드는 일들 • 인기 있는 여러 활동	제4사분면(회피) • 사소한 일, 그냥 바쁜 일 • 광고 메일 • 하찮은 문자 메세지, 이메일 • 시간 낭비하는 일 • 회피하는 활동 • 생각 없는 TV 시청

전자기기를 옆에 두면 긴급한 일이 끊임없이 생겨날 수 있다. 중요하고 긴급한 일도 있으나, 중요하지 않으면서 긴급한 일도 많다. 우리는 모든 메시지에 답하면서 스스로가 생산적이라 생각하지만, 사실은 단순히 산만할 뿐이다.

자신에게 질문하기

가장 중요한 목표와 인간관계를 희생하는 대가로 기술을 사용하고 있지는 않은가?

_____

_____

_____

_____

기술 때문에 발생하는 산만함을 줄일 수 있는 일을 한 가지 실행하라.

- 알람 *끄기*
- 하루에 한 번만 SNS 하기
- 절대 전자기기가 대화를 방해하게 하지 않겠다고 약속하고 꼭 지키기
- 기타

_____

_____

_____

_____

_____

'큰 돌'에서 작업하는 동안 전자기기를 끈다. 차이를 발견했는가?
이러한 변화가 생산성에 어떤 영향을 미치겠는가?

_____

_____

_____

_____

기술에서 벗어나는 7가지 방법

1. 전자기기를 침실 밖에 두고 잔다. 아침에 스마트폰이 맨 처음 당신을 깨우지 않도록 알람 시계를 사용한다.

2. 제한을 설정한다. 하루에 20분 이상 SNS에 시간을 보내지 않거나, 피드를 확인하지 않는 시간을 갖는다.

3. 소음을 멈춰라! 불필요한 계정 또는 이메일 구독을 취소하고, SNS에서 사람들을 뮤트하거나 팔로우를 취소하고, 그룹에서 탈퇴하고, 알람을 끈다.

4. 앱에서 로그아웃하거나, 앱을 폴더에 숨기거나 삭제한다.

5. SNS는 현실이 아니라는 점을 명심한다.

6. 대화에 참여하라.

7. 더 많은 일을 한다. 인터넷 서핑에 많은 시간을 보내는 사람이라면, 그렇게 할 여유 시간이 없도록 하루를 채운다. 서핑 대신 책을 읽는다.

주간
목표

목표	실천 계획

목표 달성을 위해 실천해야 할 3가지

① _____

② _____

③ _____

이번 주의 다짐

_____

_____

Weekly Review

목표에 집중했던 요일

○월 ○화 ○수 ○목 ○금 ○토 ○일

이번 주의 보상

_____

《성공하는 사람들의 7가지 습관》은 지금까지 출판된 책 중에서 가장 많은 영감을 불러일으키고 영향력이 큰 책으로 꼽힙니다. 《성공하는 사람들의 7가지 습관: 52주 실천 다이어리》를 통해 효과적이고 성공적인 사람들의 습관에 대한 중요한 교훈을 배우고 즐기셨길 바랍니다. 이 교훈이 당신의 삶의 경험을 계속 풍요롭게 할 것입니다.《성공하는 사람들의 7가지 습관》을 같이 살펴본다면, 시대를 초월한 지혜와 원칙에 대해 더 많이 배울 수 있을 것입니다.

당신의 인생이 최선의 것이 되기를 소망합니다.

"물고기 한 마리는 하루 양식이 되지만, 물고기 잡는 법은 평생 먹을 양식이 된다. 우리는 물고기 잡는 법을 가르치는 퍼실리테이터를 양성해 전체 사회를 고양한다."

프랭클린코비사는 개인과 조직의 위대한 성장을 돕는 글로벌 교육 기업입니다. 스티븐 코비의 명저 《성공하는 사람들의 7가지 습관》을 토대로 한 자기계발·리더십 교육과 4천만 명이 사용하는 시간관리 도구 '프랭클린 플래너'를 전 세계에 전파하고 있습니다. 〈포춘〉 500대 기업은 물론, 수천 개의 중소기업과 교육·정부 기관이 프랭클린코비사의 프로그램을 선택했습니다.

프랭클린코비사의 비전은 스스로 가르치고 성장하는, 독립적인 사람을 만드는 것입니다. 이를 위해 7천 명 이상의 전문가가 매년 75만 명 이상의 사람들을 훈련하고 있습니다. 성과를 창출하고 효과적인 삶을 살고자 하는 개인, 팀 그리고 조직에게 최적의 솔루션을 제공합니다. 아래의 주소 혹은 한국리더십센터그룹에서 더 자세한 정보를 얻을 수 있습니다.

프랭클린코비사 FranklinCovey Company

2200 West Parkway Blvd Salt Lake City, UT 84119
www.franklincovey.com

한국리더십센터그룹(KOREA LEADERSHIP CENTER GROUP)은 전 세계에 자기 개혁과 조직 혁신의 새로운 돌풍을 일으키고 있는 미국 프랭클린코비사의 한국 파트너입니다. 1994년부터 《성공하는 사람들의 7가지 습관》의 효과적인 습득과 실생활 적용을 위한 프랭클린코비사의 독특한 자기계발 프로그램과 기업교육 노하우를 전파해왔습니다. 아울러 국내 실정에 맞는 프로그램을 연구 개발해 21세기 한국 기업과 한국인에게 효과적인 도움을 주기 위해 노력하고 있습니다. 끝나면 잊고 마는 것이 아니라, 내면에서부터 변화하는 새로운 차원의 패러다임 전환을 경험할 수 있는 교육을 제공합니다.

〈포춘〉이 선정한 500대 기업 중 430여 개의 기업에서 전사적으로 도입하고, 세계 초일류 기업과 조직, 개인과 가족 및 단체 들이 참여하고 격찬한 프랭클린코비 프로그램! 한국리더십센터그룹의 교육과정을 통해 개인과 조직이 위대한 성장을 이루도록 도움받고 이를 습관화하여 효과적인 성공을 얻을 수 있습니다.

Korea Leadership Center Group
KLG 한국리더십센터그룹

서울시 금천구 가산디지털1로 225 에이스 가산포휴 1511호
대표전화 (02) 2106-4000 | 팩스 (02) 2106-4001
홈페이지 www.eklc.co.kr

Personal Data

Name:

Mobile:

E-mail:

Address:

Memo: